AF641404

Linux Mint 22 Schnelleinstieg

Robert Gödl

Linux Mint 22

Schnelleinstieg

Der einfache Einstieg in die Linux-Welt

Inkl. Linux Mint 22 auf DVD

mitp

Bibliografische Information der Deutschen Nationalbibliothek
Die Deutsche Nationalbibliothek verzeichnet diese Publikation in der Deutschen Nationalbibliografie; detaillierte bibliografische Daten sind im Internet über https://portal.dnb.de/opac.htm abrufbar.

ISBN 978-3-7475-0883-1
1. Auflage 2024

www.mitp.de
E-Mail: mitp-verlag@lila-logistik.com
Telefon: +49 7953 / 7189 - 079
Telefax: +49 7953 / 7189 - 082

Lektorat: Janina Vervost
Sprachkorrektorat: Jürgen Benvenuti
Covergestaltung: Christian Kalkert
Bildnachweis: Julien Tromeur/stock.adobe.com
Satz: Petra Kleinwegen
Druck: CPI books GmbH, Leck

Inhalt

Einleitung

Was bietet dieses Buch?

Dieses Buch bietet Ihnen einen Einstieg in die Welt von Linux und der Vorteile dieses Betriebssystems. Linux Mint kombiniert diese Vorteile mit einer einfachen Installation und einfacher Nutzung.

Sie lesen, wie Sie den Rechner für den Start von Linux Mint vorbereiten, das System ohne Installation ausprobieren und wenn gewünscht installieren. Dieses Buch begleitet Sie durch die Installation und durch die ersten Schritte mit diesem Betriebssystem sowie die Bedienung der grafischen Oberfläche Cinnamon. Sie erfahren, wie Sie unter Linux Mint Software installieren, deinstallieren und das System aktuell halten. Außerdem bekommen Sie einen Überblick über die bereits vorinstallierte Software, erfahren, wie Sie Software, die Sie vielleicht schon von Windows kennen, auch unter Linux Mint nutzen können, und lernen Linux-Software kennen, die die Aufgaben von bekannten Windows-Programmen übernehmen kann.

Weiterhin erfahren Sie, wie Sie einige Windows-Anwendungen (also EXE-Dateien) direkt unter Linux Mint nutzen oder gleich ein komplettes Windows unter Linux Mint installieren können.

Ein weiteres Thema ist das System selbst. Sie erfahren, wo Sie welche wichtigen Verzeichnisse und Dateien finden und wie Sie damit arbeiten.

Zuletzt finden Sie auch eine Einführung in das Terminal und Themen rund um die Sicherheit unter Linux Mint.

Der Inhalt der beiliegenden DVD

Diesem Buch liegt die aktuelle Version von Linux Mint bei (Version 22 – Wilma – in 64 Bit. Die 32 Bit-Variante von Linux Mint gibt es nicht mehr). Diese wird bis 2029 unterstützt, ohne auf neuere Versionen von Linux Mint zu aktualisieren.

Sie müssen Linux Mint nicht direkt installieren. Das System lässt sich als sogenanntes Live-System ohne Installation ausprobieren. Am Computer wird dabei nichts geändert.

Es handelt sich bei der beiliegenden DVD um die komplette Distribution von Linux Mint, wie Sie sie auch unter *https://www.linuxmint.com/* zum Download finden.

Systemvoraussetzungen für die Nutzung von Linux Mint

- 2 GB RAM Arbeitsspeicher, besser 4 GB (für die grafische Oberfläche Cinnamon. Für Mate und XFCE genügen 2 GB RAM)
- 2-GHz-Prozessor, 64 Bit (diese Voraussetzung erfüllt eigentlich jedes Gerät der letzten 10 Jahre. 32 Bit wird nicht mehr unterstützt)
- 20 GB freier Speicher auf der Festplatte (rein für das System)

Kostenloses E-Book

Geben Sie den unten stehenden Code unter

https://mitp.code-load.de/

in das Textfeld ein und klicken Sie auf EINLÖSEN, um das E-Book (als PDF und EPUB) herunterzuladen.

`c1bx61b5ac`

Fragen und Feedback

Unsere Verlagsprodukte werden mit großer Sorgfalt erstellt. Sollten Sie trotzdem einen Fehler bemerken oder eine andere Anmerkung zum Buch haben, freuen wir uns über eine Rückmeldung an *lektorat@mitp.de*.

Falls es zu diesem Buch bereits eine Errata-Liste gibt, finden Sie diese unter *www.mitp.de/0883* im Reiter DOWNLOADS.

Viel Spaß und Erfolg mit Linux Mint!

Kapitel 1

Über Linux Mint und Linux allgemein

1.1 Was ist eigentlich Linux?

Linux ist keine Anwendung, die man sich auf dem Computer installiert, sondern es handelt sich dabei um ein Betriebssystem, genau wie Windows von Microsoft oder macOS von Apple.

1.1.1 Was ist ein Betriebssystem?

Ein Betriebssystem können Sie sich vorstellen wie eine Anwendung, nur ist diese Software um vieles größer als normale Anwendungen. Es ist die grundlegende Software, um überhaupt mit einem Computer arbeiten zu können. Das Betriebssystem steuert die Hardware, die eingebaut ist, sowie Hardware, die angeschlossen wird. Das Betriebssystem stellt meist eine grafische Oberfläche bereit, mit der Sie arbeiten – Menüs, mit denen Sie darauf installierte Anwendungen suchen und starten können – und es lässt Sie weitere Anwendungen installieren. Es steuert die Prozesse, also die im Hintergrund laufenden Aufgaben, und regelt, welche Prozesse gerade verarbeitet werden sollen.

1.1.2 Wer entwickelt Linux?

Gestartet wurde die Entwicklung vom damaligen finnischen Studenten Linus Torvalds. Er wollte eigentlich nur eine Terminal-Anwendung schreiben, um bequem von zu Hause auf seine E-Mails in der Universität zugreifen zu können. Daraus wurde schnell ein kleines Betriebssystem, das er in einer Newsgruppe im Internet vorstellte. Viele weitere Entwickler schlossen sich der Entwicklung dieses Systems an. Was sie erreichen wollten, war ein kostenloses Betriebssystem, ohne sich mit den Lizenzen des damaligen Minix-Betriebssystems befassen zu müssen. Im Jahr 1991 wurde die erste Version von Linux vorgestellt, damals noch ohne grafische Oberfläche (»Desktop«).

Minix

Minix war in den 80ern und zu Beginn der 90er ein zwar freies Betriebssystem – es konnte also kostenlos genutzt werden –, mit der freien Lizenz konnte man jedoch nicht alles machen, was man wollte. Der Quellcode war zwar offen, also einsehbar, durfte jedoch nicht weiterverwendet werden.

Inzwischen wird Linux nicht nur von freien Entwicklern programmiert, sondern auch von Firmen verwendet. Bekannte Firmen sind etwa IBM, Intel, Google und auch Microsoft.

1.1.3 Warum ist Linux kostenlos?

Linux wird unter einer freien Lizenz entwickelt, der sogenannten »GNU GPL«. Das »GNU« steht hier für »**G**nu is **N**ot **U**NIX«. UNIX war damals das vorherrschende Betriebssystem. Linux ist UNIX ähnlich, aber komplett neu aufgebaut. Darum der Name »GNU ist nicht UNIX«. »GPL« steht für die »General Public License«.

Die GNU-GPL-Lizenz legt folgende Regeln fest (hier nur die wichtigsten):

- Die Software unter der GNU GPL muss im Quelltext (die Software in der Form, wie sie der Entwickler schreibt) frei zugänglich sein. Dies bedeutet, jeder, der möchte, kann sich diesen Quelltext ansehen.
- Die Software unter der GNU GPL darf für jeden Zweck von jedem verwendet werden. Bei proprietärer Software – etwa sogenannter *Freeware* – ist dies nicht immer der Fall. Bei einem privat genutzten, kostenlosen Virenscanner kann es sein, dass Sie zahlen müssen, wenn Sie diesen geschäftlich verwenden möchten.
- Jeder darf den Quelltext einer Software, die der Lizenz GNU GPL unterliegt, nehmen und daraus selbst eigene Software entwickeln. So ist etwa aus OpenOffice das modernere LibreOffice entstanden.
- Software, die der GNU GPL unterliegt, muss für jeden kostenlos erhältlich sein.

Die GNU GPL legt also fest, dass jeder die Software für jeden Zweck kostenlos nutzen darf. Entwickler, die unter dieser Lizenz veröffentlichen, möchten, dass ihre Software für jeden zugänglich ist und auch von anderen weiterentwickelt und verbessert werden kann.

Es gibt jedoch auch Linux-Betriebssysteme, für die man bezahlen muss, und zwar durchaus mehr als für Windows von Microsoft. So etwa Red Hat, ein besonders auf Unternehmen zugeschnittenes und abgesichertes System.

1.1.4 Welche Vorteile hat Linux?

Linux hat einige Vorteile gegenüber Windows oder macOS. Zuallererst ist es bis auf wenige Ausnahmen kostenlos.

Ein weiteres wichtiges Argument für Linux ist, dass es schlanker ist. Selbst Rechner älterer Generationen werden mit Linux gut zurechtkommen, auch wenn aktuelle andere Betriebssysteme darauf nicht richtig funktionieren oder sich gar nicht mehr installieren lassen. Unter Linux laufen ganz einfach weniger unnötige Prozesse.

Ein weiterer Vorteil: Linux versendet keine Daten an die Entwickler, schon gar nicht ungefragt. Dies gilt nicht nur für das Betriebssystem, sondern auch für die Software, die Sie darauf installieren und nutzen.

1.1.5 Ist Linux wirklich sicherer?

Grundsätzlich ist ein Betriebssystem nur dann wirklich sicher, wenn man als Benutzer gewisse Regeln einhält, also etwa keine Software aus unbekannten Quellen installiert. Aber ja, Linux ist in gewissen Dingen um einiges sicherer als Windows oder macOS.

Da ist einmal der offene Quellcode. Jeder kann diesen einsehen und so etwa die Entwickler auf Fehler hinweisen. Linux wird auch weniger genutzt als bekanntere Betriebssysteme, sodass Schadsoftware für Linux kaum existiert. Solche Schadsoftware wäre auch um einiges schwieriger in das System zu installieren, denn hinter Linux steckt eine aufwendige Rechte-Struktur. Der Administrator des Systems ist vom normalen Benutzer strikt getrennt. Auch installieren Sie unter Linux Software meist aus sogenannten *Repositories.* Das sind für Linux erstellte und gut abgesicherte Software-Archive.

1.1.6 Warum gibt es so viele Linux-Distributionen?

Es gibt nicht nur das eine Linux, es gibt unzählige. Linux ist eigentlich nur die Bezeichnung für den »Kernel«, also den Kern eines Linux-Betriebssystems. Dieser Kernel übernimmt die Steuerung des Systems. Der Rest vom Betriebssystem sind Treiber, eine grafische Oberfläche und Anwendungen, die Sie zur Konfiguration des Systems nutzen.

Jeder kann den Linux-Kernel nehmen, eine grafische Oberfläche (den Desktop) hinzufügen, beliebig Software installieren, und daraus dann ein Linux-Betriebssystem erstellen und dieses veröffentlichen. Eine solche Software-Zusammenstellung nennt man »Distribution«.

Für Linux finden sich zahlreiche grafische Oberflächen – also Desktops –, die man auch »Desktop-Umgebungen« nennt. Solche Desktop-Umgebungen unterscheiden sich in der Optik, Handhabung und im Verbrauch von Ressourcen.

Die meisten Unterschiede zwischen den Linux-Distributionen zeigen sich in der Desktop-Umgebung und den vorinstallierten Anwendungen. So gibt es etwa Distributionen, die speziell auf Multimedia-Anwendungen getrimmt werden, solche, die sehr einfach benutzbar sind, oder auch solche für wissenschaftliches Arbeiten.

1.2 Linux Mint

Linux Mint basiert auf Ubuntu. Die Entwicklung von Ubuntu wurde im Jahr 2000 gestartet. Die erste brauchbare Version erschien 2003. Die Entwicklung von Linux Mint wurde im Jahr 2006 begonnen, und zwar aus folgenden Gründen:

- Linux Mint sollte noch einfacher zu benutzen sein als Ubuntu.
- Es sollte sinnvoller mit Software vorbestückt sein als Ubuntu. Unter Ubuntu ist nur das Mindestmaß an Software vorinstalliert.
- Das Installieren von proprietärer, also nicht freier Software, sollte noch einfacher sein.
- Linux Mint sollte auch auf sehr schwachen Computern funktionieren. Ubuntu hingegen setzte damals schon auf recht aktuelle Hardware.

1.2.1 Die Vorteile von Linux Mint

Linux Mint ist nicht nur einfach zu installieren, es wurde auch dafür geschaffen, es Einsteigern so problemlos wie möglich zu machen, Linux zu nutzen. Alles gelingt per Mausklick und intuitiv. Auch die grafische Oberfläche namens Cinnamon ist einfach zu bedienen. Ich würde behaupten, Linux Mint ist einfacher zu nutzen als Windows.

Ubuntu, und somit auch Linux Mint, basiert auf Debian, einer der größten Linux-Distributionen überhaupt. Auch die meisten Anbieter von Fremdsoftware setzen auf Installationspakete für auf Debian basierenden Betriebssystemen. Deshalb ist eine Vielzahl von Software für Linux Mint verfügbar, die sich ganz einfach per Mausklick installieren lässt.

Debian

Debian ist die Linux-Distribution mit der größten Entwickler-Gemeinde. Rund 1000 Entwickler rund um die Welt arbeiten daran. Zudem ist Debian, inklusive Ubuntu und seinen Varianten wie etwa Linux Mint, die meistverwendete Linux-Distribution. Daher nutzen die meisten Softwareanbieter, die ihre Programme auch für Linux anbieten, Debian-Software-Pakete.

Linux Mint verfügt über eine große Community im Internet. So ist es einfach, Lösungen zu Problemen aller Art zu finden.

Gefällt Ihnen die grafische Desktop-Umgebung Cinnamon nicht, ersetzen Sie diese ganz einfach durch eine andere, wie etwa das klassische Mate oder das ressourcenschonende XFCE.

LMDE – Linux Mint Debian Edition

Neben dem auf Ubuntu basierenden Linux Mint gibt es eine weitere Version dieses Betriebssystems, und zwar die Linux Mint Debian Edition, kurz LMDE. Diese Version basiert nicht auf Ubuntu, sondern direkt auf Debian. Entwickelt wurde LMDE vor allem, weil Ubuntu hin und wieder eigene Wege geht, die den Entwicklern von Linux Mint nicht immer gefallen. Dieses Buch behandelt jedoch rein Linux Mint, basierend auf Ubuntu. Sie finden LMDE unter *https://linuxmint.com/download_lmde.php* zum Download.

Kapitel 2

Linux Mint ausprobieren und installieren

In diesem Kapitel lesen Sie, wie Sie ein startfähiges Medium (DVD oder USB-Stick) erstellen, um Linux Mint auf Ihrem Computer auszuprobieren oder zu installieren. Es gibt verschiedene Arten von Linux Mint, etwa mit anderen grafischen Oberflächen oder anderer vorinstallierter Software. Sie erfahren, welche Möglichkeiten Sie im sogenannten *Live-System* haben, und natürlich, wie Sie Linux Mint installieren.

2.1 Linux Mint herunterladen

Linux Mint ist frei und kostenlos im Internet erhältlich. Sie können es ganz einfach herunterladen. Es gibt Linux Mint in drei Versionen, die sich in den Desktop-Umgebungen unterscheiden:

- **Linux Mint Cinnamon** – das Vorzeigeprojekt. Cinnamon wird von den Entwicklern von Linux Mint selbst entwickelt. Der Startgrund damals war die neue Version von GNOME, dem Hauptdesktop von Ubuntu, der zu Beginn vielen Benutzern nicht gefallen hat. Cinnamon ist optisch ähnlich aufgebaut wie Windows und sehr einfach zu benutzen. Minimal benötigt Cinnamon 2 Gigabyte RAM.
- **Linux Mint Mate** – diese Desktop-Umgebung wurde auf der Basis des alten und beliebten Desktops GNOME entwickelt. Mate ähnelt dem klassischen GNOME und braucht wenig Leistung. Es läuft somit auch auf älteren Computern. Minimal benötigt Mate 512 Megabyte RAM.
- **Linux Mint XFCE** – die dritte Desktop-Umgebung unter Linux Mint. Sie existiert schon Jahrzehnte und ist dementsprechend stabil. XFCE läuft auf älteren Computern ohne Probleme und kommt mit minimal 512 Megabyte RAM aus.

Alle drei Versionen von Linux Mint sind auf der offiziellen Webseite (*https://linuxmint.com/*) zum Download erhältlich.

2.2 Startmedium erstellen

Linux Mint ist ein komplettes Betriebssystem und lässt sich daher nicht so einfach unter Microsoft Windows oder macOS installieren. Sie erhalten eine sogenannte »ISO-Datei«. Diese brennen Sie entweder bootfähig auf eine DVD oder Sie kopieren sie bootfähig auf einen USB-Stick. In beiden Fällen starten Sie den Rechner von diesem erstellten Medium.

Bootfähig bedeutet, der Computer muss vom Medium starten können, sprich, er muss die nötigen Dateien an bestimmten Orten vorfinden. Sie können die Datei also nicht einfach wie ein Video auf eine DVD brennen oder diese auf einen USB-Stick verschieben. Hierfür ist eine passende Software nötig.

DVD zum Buch

Haben Sie die gedruckte Version dieses Buches vor sich liegen, können Sie diesen Schritt überspringen. Das Buch beinhaltet eine bootfähige DVD mit Linux Mint 22. Sie können das Erstellen eines Startmediums jedoch dazu nutzen, um weitere bootfähige DVDs oder USB-Sticks zu erstellen.

2.2.1 ISOburn – bootfähige DVDs brennen

ISOburn ist eine kostenlose Software für Microsoft Windows. Mit dieser lassen sich ISO-Abbilddateien, sogenannte »Images«, schnell und einfach auf DVDs brennen. Sie finden diese Software unter *https://isoburn.org/* zum Download (siehe Abbildung 2.1).

Mit dem Schalter DRIVES geben Sie das Laufwerk an, mit dem Sie die DVD brennen wollen, und mit SELECT ISO IMAGE FILE TO BURN wählen Sie die zu brennende ISO-Datei. Alle anderen Einstellungen können Sie belassen, wie sie sind. Anschließend klicken Sie auf den Schalter BURN ISO.

2.2.2 Etcher – bootfähige USB-Sticks erstellen

Mit der Software Etcher lassen sich per Mausklick bootfähige USB-Sticks erstellen. Sie finden diese kostenlose Software unter *https://www.balena.io/etcher/* für Windows, macOS und Linux zum Download (siehe Abbildung 2.2).

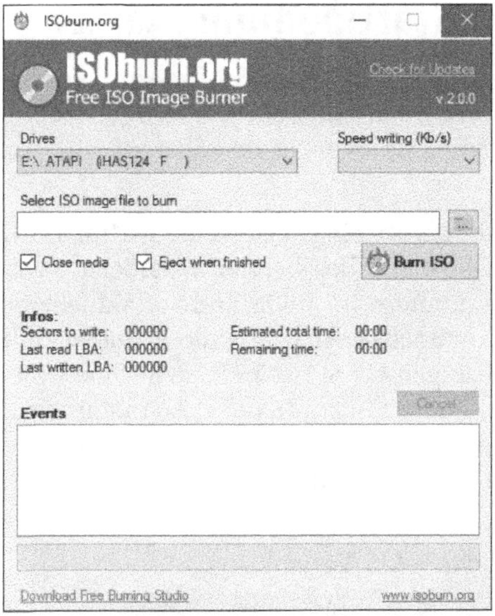

Abb. 2.1: ISOburn – ISO-Images bootfähig auf DVDs brennen

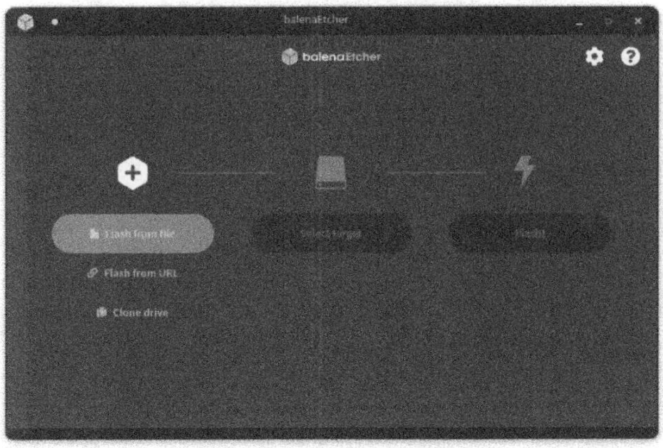

Abb. 2.2: Etcher – bootfähige USB-Sticks erstellen

Mit dem Schalter FLASH FROM FILE wählen Sie die heruntergeladene ISO-Datei aus, dann geben Sie mit SELECT TARGET den angeschlossenen USB-Stick an und starten den Vorgang mit FLASH!.

2.3 Den Computer vom Startmedium starten

Bei Linux Mint handelt es sich um ein installierbares Live-System. Dies bedeutet, Sie müssen Linux Mint nicht sofort installieren, sondern können es auch erst mal nur ausprobieren. Solange Sie es nicht installieren, wird am Computer nichts geändert.

In der Grundkonfiguration startet meist trotz eingelegter Linux-Mint-DVD oder angeschlossenem Linux-Mint-USB-Stick das bereits installierte Windows. Dies können Sie auf älteren Computern im BIOS und auf aktuelleren Rechnern im UEFI ändern. Hierbei handelt es sich um die grundlegende Firmware des Computers. In diese gelangen Sie je nach Hersteller mit einer der folgenden Tasten: [F2], [F10], [F12] oder [Entf]. In der Beschreibung des Herstellers finden Sie dazu nähere Informationen. Die passende Taste drücken Sie beim Start des Computers mehrmals schnell hintereinander, bis Sie das Fenster der Firmware sehen.

In Abbildung 2.3 sehen Sie eine mögliche BIOS-Variante.

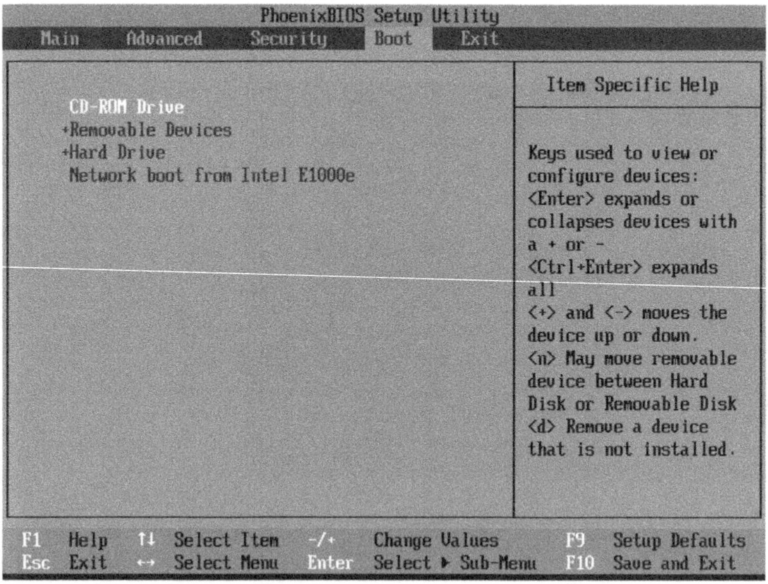

Abb. 2.3: BIOS – das Bootmenü

Im BIOS nutzen Sie die Pfeiltasten zur Navigation. Mit den Pfeiltasten links und rechts wechseln Sie zwischen den Menüeinträgen. Zur Auswahl einer Funktion nutzen Sie die Pfeiltasten auf und ab. Sie benötigen zur Auswahl des Datenträgers für den Start mit Linux Mint das Menü »Boot«. Als Erstes markieren Sie mit den Pfeiltasten den DVD- oder USB-Eintrag. Mit den Tasten F5 und F6, je nach Hersteller auch + und -, verschieben Sie den Eintrag ganz nach oben (Informationen zu den Tasten finden Sie ganz rechts).

Das UEFI ist meist etwas moderner aufgebaut – siehe Abbildung 2.4.

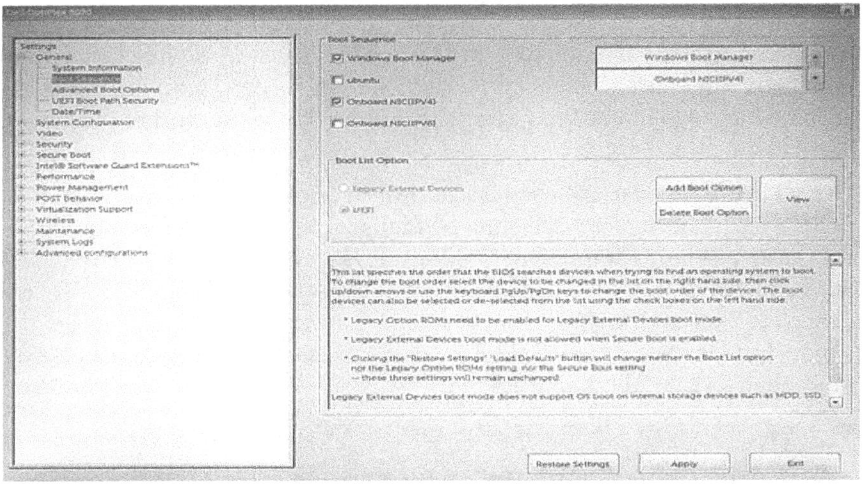

Abb. 2.4: UEFI

Im UEFI der meisten Hersteller können Sie die Maus statt der Tasten nutzen. Ist dies nicht so, verwenden Sie wie im BIOS die Pfeiltasten. Wie im BIOS finden Sie auch im UEFI einen Menüeintrag namens »Boot«. Öffnen Sie diesen und setzen Sie das Startmenü an die oberste Stelle.

Egal, ob im BIOS oder im UEFI, Sie sollten die Option »Fast Boot« suchen und diese deaktivieren. Je nach Hersteller findet sich die Option in einem anderen Menü. »Secure Boot« zu deaktivieren, ist in den meisten Fällen heute nicht mehr nötig. Tun Sie dies nur, wenn sich Linux Mint nicht starten lässt.

Zuletzt übernehmen Sie die Einstellungen mit einem Klick auf den Schalter Apply oder Save and exit. Im BIOS dient dazu meist die Taste F10. Der Computer startet neu vom ausgewählten Startmedium.

2.4 Linux Mint ausprobieren

Wie in Abschnitt 2.3 schon kurz angeschnitten, handelt es sich bei Linux Mint um ein Live-System. Sie müssen Linux Mint nicht installieren, um es auszuprobieren, denn es läuft komplett im Arbeitsspeicher (RAM) des Computers. Sie können alle vorinstallierten Anwendungen starten und Einstellungen am System vornehmen. Sie können im Internet surfen sowie Drucker und andere Hardware testen. Starten Sie den Computer jedoch neu, ohne mögliche erstellte Dateien auf einem anderen Datenträger gesichert zu haben, gehen diese verloren.

Am installierten System, meist Windows oder macOS, wird ohne Installation von Linux Mint absolut nichts verändert. Starten Sie den Computer ohne das Startmedium von Linux Mint neu, fährt wieder das bereits vorher installierte Betriebssystem hoch.

Wenn Linux Mint startet, sehen Sie zu Beginn das Logo der Distribution. Das System startet normalerweise ohne Meldungen. Von einem USB-Stick dauert der Start etwa eine Minute, mit DVD etwas länger. Ändert sich mehrere Minuten nichts, liegt wahrscheinlich ein Problem mit der Grafik vor. Sie sollten dann das System mit Strg+Alt+Entf neu starten und, sobald Sie das Logo von Linux Mint sehen, die Esc-Taste drücken. Damit gelangen Sie ins Bootmenü – siehe Abbildung 2.5.

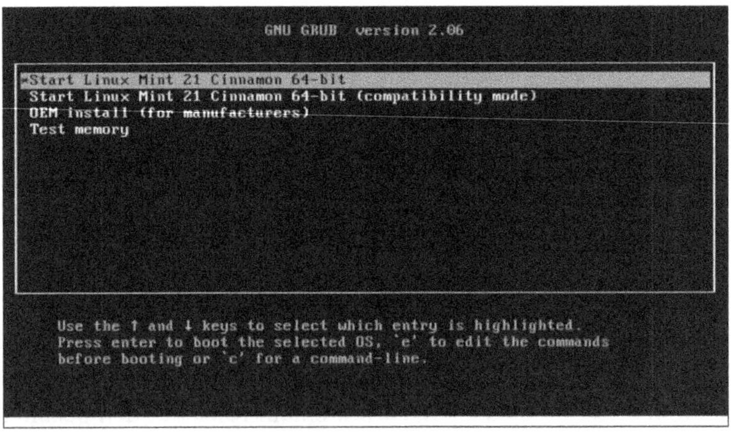

Abb. 2.5: Das Linux-Mint-Bootmenü

Hier nutzen Sie die Pfeiltasten (auf und ab) zur Navigation. Wechseln Sie auf den Eintrag »Start Linux Mint in compatibility mode« und bestätigen Sie mit ↵.

Es sollte dann nur wenige Sekunden dauern, bis das Linux-Mint-Logo wieder erscheint (von DVD gestartet dauert dies wieder etwas länger, da optische Medien langsamer arbeiten). Linux Mint startet direkt in den grafischen Desktop.

Wir werden uns hier das Live-System kurz ansehen und danach die Installation starten. Die übrigen Funktionen des Desktops werden in Abschnitt 3.2 näher beschrieben.

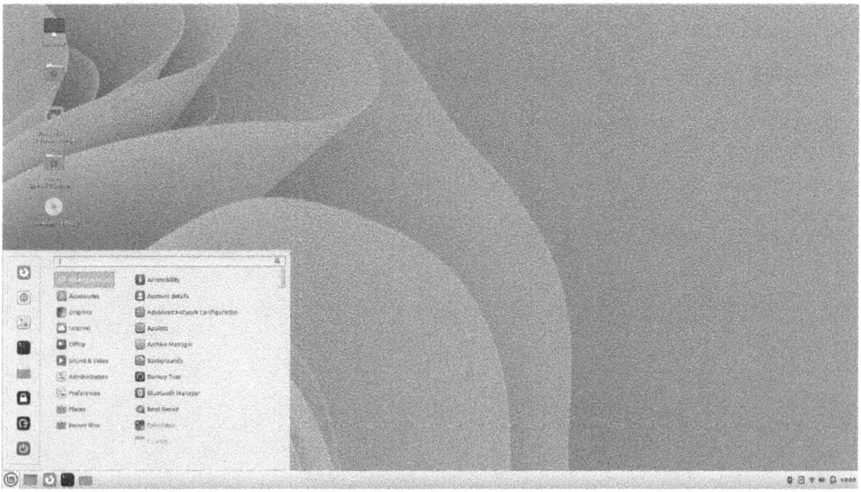

Abb. 2.6: Linux Mint Cinnamon – der Desktop

In den Bildern verwende ich einen helleren Hintergrund und ein helleres Thema als original, da der voreingestellte Hintergrund und das Standard-Thema sehr dunkel für Screenshots sind. In Abbildung 2.6 sehen Sie Linux Mint mit Cinnamon.

Die Sprache des Desktops

Im Live-System liegt der Desktop von Linux Mint in englischer Sprache vor. Dies ändert sich nach der Installation des Systems und den passenden Einstellungen.

Wie unter Microsoft Windows sehen Sie am unteren Bildschirmrand eine Leiste .Links finden Sie das Anwendungsmenü und einige Symbole (von links nach rechts): den Desktop anzeigen, Dateimanager, Firefox (Webbrowser) und das Terminal (siehe Kapitel 4). Rechts in der Leiste finden Sie den Systembereich. Hier zeigen sich Symbole für die Netzwerkverbindung, den Lautstärkeregler und die Uhr.

Haben Sie den Computer mit dem Router per Netzwerkkabel verbunden, hat sich Linux Mint bereits während des Starts automatisch mit dem Internet verbunden. Gehen Sie per WLAN online, klicken Sie auf den Schalter für die Netzwerkverbindung im Systembereich der Leiste am unteren Bildschirmrand und wählen Ihr Netzwerk per Mausklick. Anschließend müssen Sie nur noch das Passwort für Ihr Netzwerk angeben (siehe Abbildung 2.7).

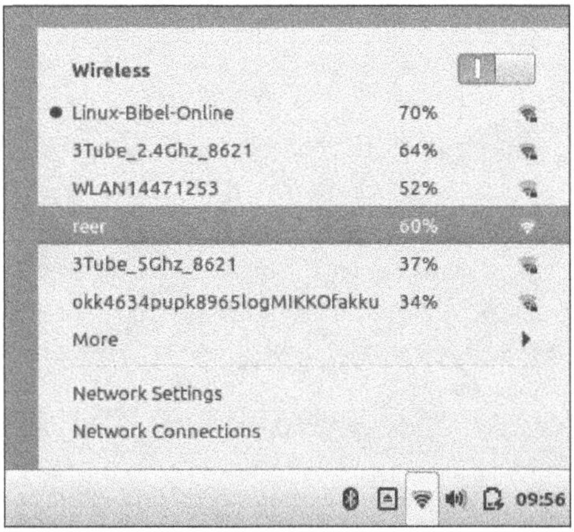

Abb. 2.7: Der Network-Manager – ins Netzwerk via WLAN, Internet-Stick und Co.

2.5 Linux Mint installieren

Gefällt Ihnen Linux Mint, können Sie das System installieren. Dafür sind nur wenige Mausklicks und Eingaben für die Einstellungen nötig.

Zur Installation von Linux Mint ist eine Internetverbindung nicht absolut notwendig, aber vorteilhaft, weil Linux Mint nicht alle Treiber gleich mit dabei hat. Insbesondere die Treiber für WLAN fehlen manchmal. Funktioniert die WLAN-Verbindung im Live-System nicht, sollten Sie den Computer per Netzwerkkabel mit dem Router verbinden, um an die entsprechenden Treiber zu kommen.

Es gibt verschiedene Möglichkeiten, Linux Mint zu installieren:

- **Linux Mint alleine auf dem Computer** – Sie ersetzen dabei das bisher installierte Betriebssystem durch Linux Mint.

- **Linux Mint neben Windows oder einem anderen Linux** – Linux Mint wird auf einem freien Platz auf der Festplatte neben Windows oder einem anderen Linux installiert. Beim Start des Rechners wählen Sie aus, welches Betriebssystem gestartet werden soll.
- **Linux Mint auf einer externen Festplatte oder auf einem USB-Stick** – Sie installieren Linux Mint auf einem externen Speicher. Wenn Sie diesen anschließen, starten Sie Linux Mint. Allerdings ist ein USB-Stick auf Dauer nicht empfehlenswert, da er vermutlich nicht lange halten wird.

Um die Installation von Linux Mint zu starten, klicken Sie am Desktop doppelt auf das Symbol mit der Beschriftung »Install Linux Mint« (das Symbol mit der CD).

Zu Beginn der Installation wählen Sie die Sprache aus. Klicken Sie einfach links in der Liste auf »Deutsch«. In dieser Sprache liegt anschließend auch das installierte System vor (siehe Abbildung 2.8).

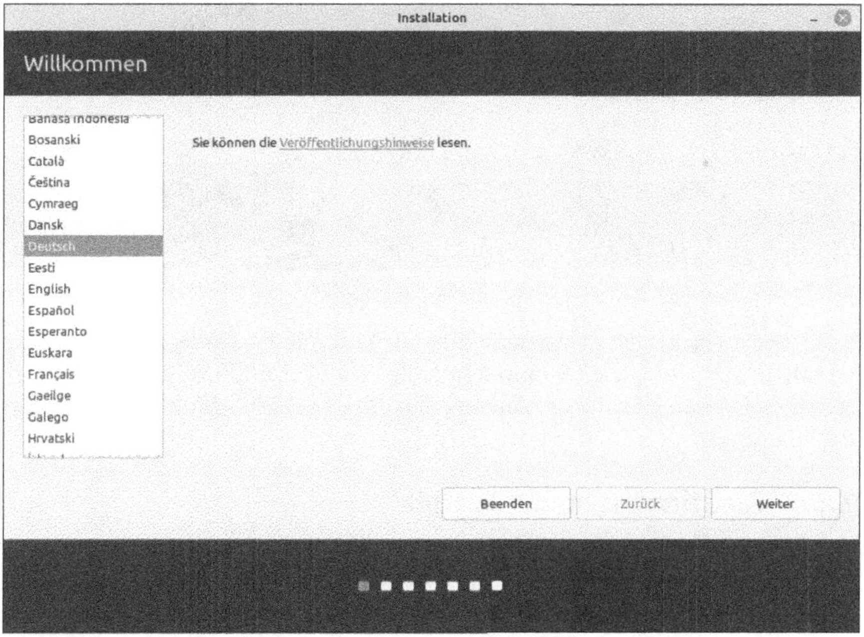

Abb. 2.8: Auswahl der Sprache zur Installation von Linux Mint

Nach der Auswahl der Sprache klicken Sie auf den Schalter WEITER und Sie gelangen zu den Einstellungen für das Tastaturlayout. Die Einstellungen sind schon sinnvoll vorgegeben. Änderungen brauchen Sie eigentlich nur als Entwickler vorzunehmen. Testen Sie im Feld unten die Sonderzeichen und Umlaute. Funktionieren alle, klicken Sie auf den Schalter WEITER (siehe Abbildung 2.9).

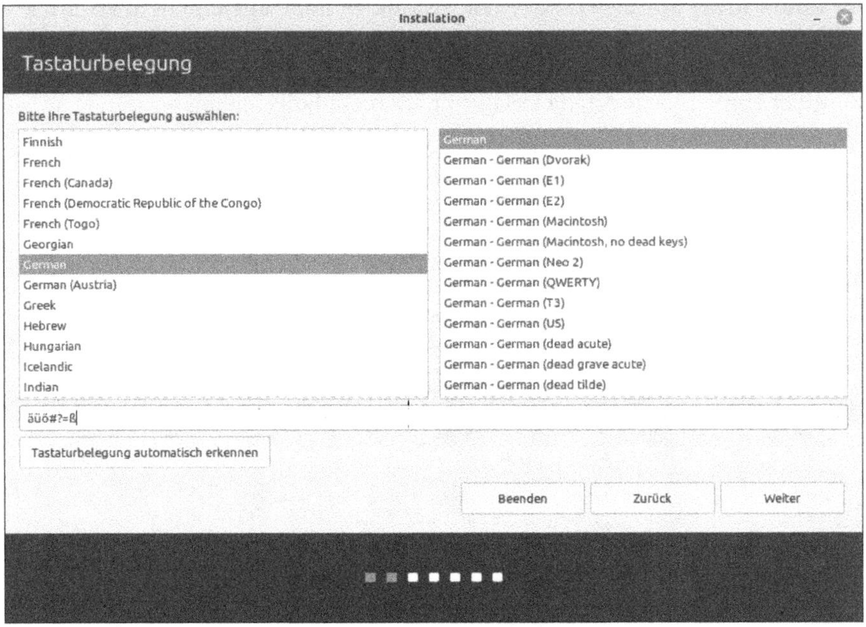

Abb. 2.9: Auswahl des Tastaturlayouts bei der Installation

Es folgt die Nachfrage zur Installation von Multimedia-Codecs. Diese dienen vor allem zum Abspielen von Media-Dateien (lokal und im Internet). Setzen Sie einfach einen Haken per Mausklick in die Checkbox »Multimedia-Codecs installieren«.

2.5.1 Partitionierung der Festplatte

Weiter geht es anschließend mit dem schwierigsten Teil der Installation – der Partitionierung, also der Aufteilung der Festplatte. Je nach bestehender Konfiguration der Festplatte oder Festplatten gibt es im folgenden Fenster mehr oder weniger Optionen. Zu Beginn fragt das Installationsprogramm, welche Festplatte Sie zur Installation benutzen möchten. Anschließend geht es zur Partitionierung (siehe Abbildung 2.10).

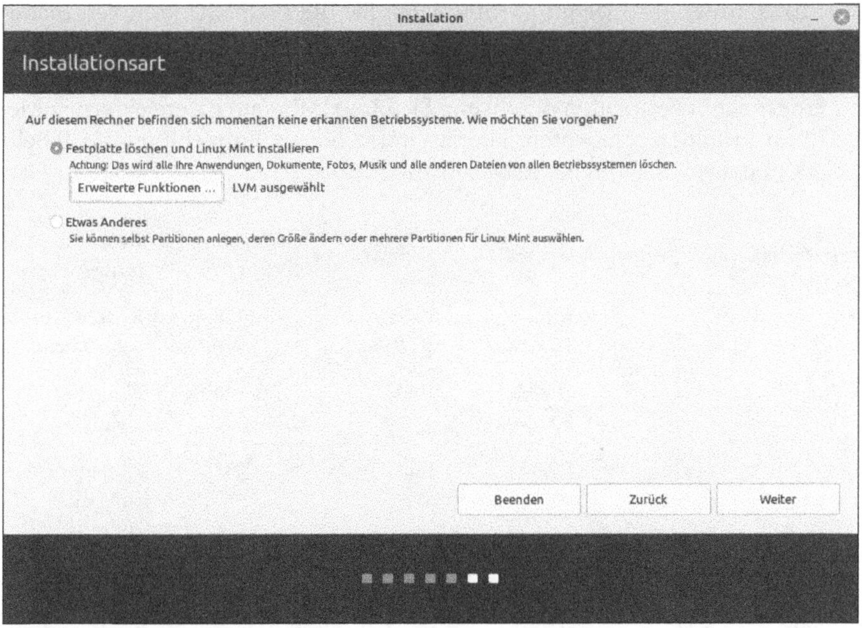

Abb. 2.10: Festplatte partitionieren

Hinweis zum Partitionieren

Partitionieren nennt man das Aufteilen der Festplatte und das Formatieren mit einem Dateisystem. Partitionen können Sie sich wie Stücke von einer Torte vorstellen: Auf jeder Partition können Sie ein Betriebssystem installieren. Jede Partition muss wiederum mit einem Dateisystem belegt sein, um Daten speichern zu können. Linux Mint macht Ihnen das Partitionieren sehr einfach.

- **Windows verkleinern und Linux Mint auf dem freien Platz installieren** – das Installationsprogramm verkleinert den Platz von Windows, ohne Daten zu löschen und installiert Linux Mint auf dem frei werdenden Platz. Nach der Installation können Sie beim Start des Computers auswählen, welches System Sie starten möchten.
- **Festplatte löschen und Linux Mint installieren** – der Installer löscht alle Betriebssysteme und Daten von der ausgewählten Festplatte. Nur Linux Mint ist anschließend auf der Festplatte vorhanden. Hier haben Sie auch die Möglichkeit, über den Schalter ERWEITERTE FUNKTIONEN die Festplatte zu verschlüsseln.

- **Etwas anderes** – hiermit partitionieren Sie die Festplatte komplett manuell. Diese Option sollten Sie vor allem dann nutzen, wenn Sie mehrere Betriebssysteme auf dem Computer installiert haben, aber auch bei mehreren eingebauten Festplatten oder wenn Sie Linux Mint auf einem externen Medium installieren möchten. Hierzu finden Sie als Empfehlung die Tabelle 2.1 und anschließend die Erklärungen dazu.

Benötigt	Optional	Größe	Dateisystem	Markierung	Beschreibung
/		Min. 16 GB	Ext4 / BTRFS	Bootfähig	System + private Daten
/boot/efi		100 bis 300 MB	Fat32	Bootfähig	Nötig bei UEFI
	/swap	RAM x 2	linux-swap		Auslagerungsspeicher
	/home	Rest der Festplatte	Ext4 / BTRFS		Private Daten

Tab. 2.1: Vorschlag für die manuelle Partitionierung

LVM und Linux Mint verschlüsseln

Löschen Sie das bisher installierte Betriebssystem, haben Sie die Möglichkeit, ein LVM (Logical Volume Management) aufzusetzen – dies ermöglicht es, die Partitionen später einfacher zu vergrößern oder zu verkleinern. Zusätzlich lässt sich ein mit LVM installiertes Linux Mint komplett verschlüsseln. Beides ist nur möglich, wenn Sie das oder die bisher installierten Betriebssysteme löschen.

Um LVM zu nutzen und Linux Mint zu verschlüsseln, wählen Sie die Option »Festplatte löschen und Linux Mint installieren« und klicken auf den Schalter ERWEITERTE FUNKTIONEN. Hier können Sie anschließend die Option LVM BEI DER NEUEN LINUX MINT-INSTALLATION VERWENDEN – ist diese Funktion aktiv, können Sie auch die Option DIE NEUE LINUX MINT-INSTALLATION ZUR SICHERHEIT VERSCHLÜSSELN aktivieren (siehe Abbildung 2.11).

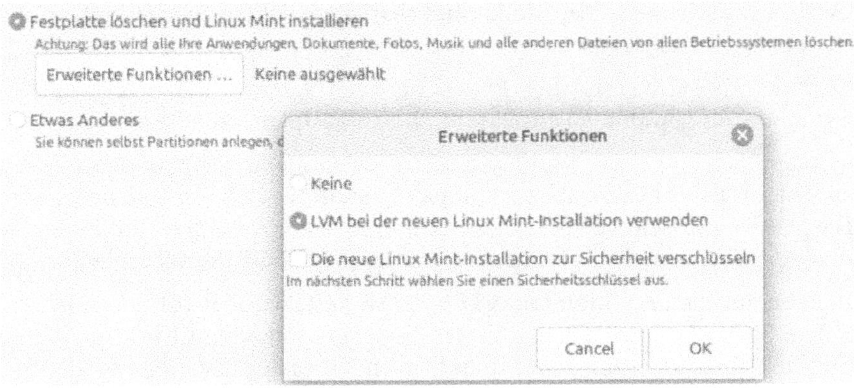

Abb. 2.11: LVM aktivieren, Linux Mint verschlüsseln

Manuell partitionieren

Wählen Sie die Option ETWAS ANDERES, können Sie die Festplatte aufteilen, wie Sie dies möchten – hier liegt alles in Ihrer Hand. Als Erstes wählen Sie hier die zu partitionierende Festplatte – in Abbildung 2.12 ist nur eine vorhanden (also ist diese auch automatisch markiert).

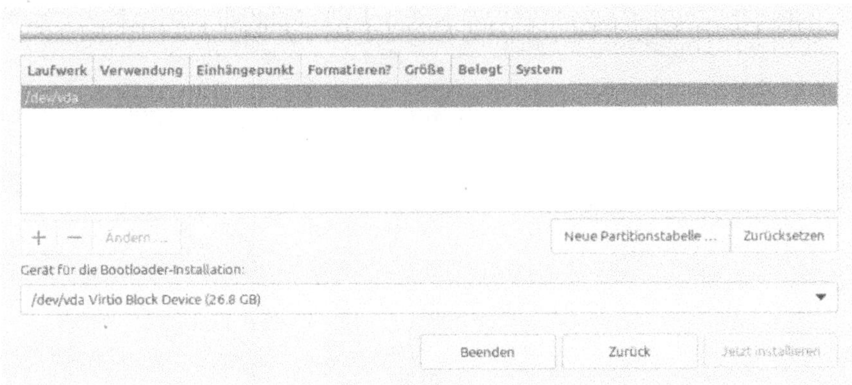

Abb. 2.12: Auswählen der Festplatte zum Partitionieren

Die Partitionen / Festplatten nennen sich unter Linux nicht »C«, »D«, »E« und so weiter – sie beginnen unter Linux mit »/dev/«, anschließend folgt die Bezeichnung – etwa »sda«, »sdb«. Handelt es sich um eine kleine SSD, können diese auch mit »nvme« beginnen. Sie werden eine unter Windows mit »C« benannte Festplatte hier also nicht finden – Sie müssen diese also nach der

Größe unterscheiden. Die Größe zeigt sich am Schalter unter »Gerät für die Bootloader-Installation«.

Über der Liste der Festplatten finden Sie einen Balken – dieser zeigt die Belegung der ausgewählten Festplatte an. Ist die Festplatte leer, ist dieser weiß.

Mit dem Schalter NEUE PARTITIONSTABELLE löschen Sie alle Partitionen / Daten auf der ausgewählten Festplatte komplett, handelt es sich um eine neue, leere Festplatte – müssen Sie auf diesen Schalter klicken. Anschließend finden Sie unter der Festplatte einen neuen Eintrag namens »Freier Speicherplatz«.

In der manuellen Partitionierung können Sie bestehende Partitionen löschen, indem Sie diese unter der markierten Festplatte mit einem Klick markieren und auf den Schalter mit dem Minus klicken. Eine neue Partition erstellen Sie, indem Sie auf den Schalter mit dem Plus klicken. Um die Größe einer Partition zu ändern, wählen Sie diese mit einem Mausklick auf den Eintrag aus und klicken auf den Schalter ÄNDERN.

Beim Erstellen einer Partition wählen Sie im Feld ganz oben die Größe in Megabyte (Mb), darunter den Typ:

- **Primär** – nur drei solcher Partitionen sind auf einer Festplatte möglich (für eine Linux Mint-Installation genug).
- **Logisch** – nur in Verbindung mit einem LVM möglich (über Hundert solcher Partitionen sind möglich).

Die Position wählen Sie eigentlich immer mit der Option »Anfang des Bereichs«. Weiter geben Sie das zu nutzende Dateisystem an – im Grunde sollten Sie als Linux-Einsteiger problemlos mit dem Dateisystem »Ext4« klarkommen – andere sind ohne das System als professionellen Server zu nutzen, nicht nötig (siehe Abbildung 2.13).

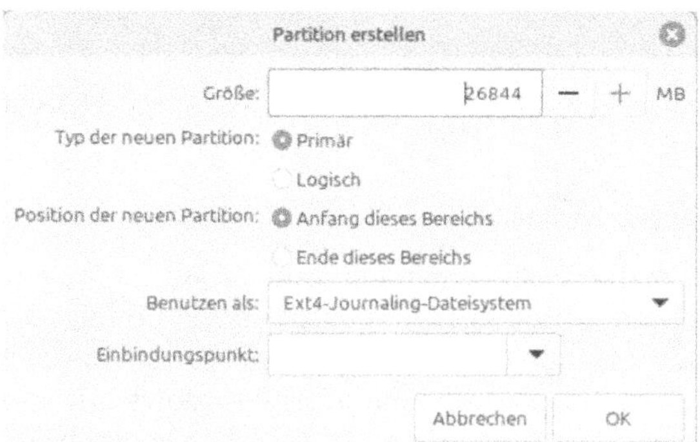

Abb. 2.13: Partitionen manuell erstellen

Die Partition »/«

Die Partition »/« nimmt die Installation des Betriebssystems auf. In der Theorie sollten 8 bis 10 GB Speicherplatz genügen. Sie müssen jedoch auch damit rechnen, dass Sie weitere Software installieren möchten. Minimal würde ich hier auf 12 GB setzen. Bei 15 bis 20 GB sollten Sie keine Probleme haben. Bei der Größe der Systempartition – also »/« – kommt es auch darauf an, ob Sie eine eigene Partition für Ihre privaten Daten (»/home«) anlegen oder nicht. Legen Sie keine extra Partition für Ihre eigenen Daten an, nimmt die Systempartition diese automatisch auf. In diesem Fall sollte diese also entsprechend größer sein. Sie müssen auch damit rechnen, dass Sie hier Musik, Video-Dateien, Bilder und Dokumente ablegen wollen.

Die SWAP-Partition

Unter 4 GB RAM Arbeitsspeicher sollten Sie nicht auf eine SWAP-Partition verzichten, gerade auf mobilen Geräten. Hier landen Daten, die keinen Platz mehr im Arbeitsspeicher haben.

Die Größe richtet sich dabei nach dem Arbeitsspeicher. Die SWAP-Partition sollte bis 8 GB RAM rund doppelt so groß sein wie der Arbeitsspeicher. Ab 8 GB RAM genügt es für die meisten Arbeiten, die SWAP-Partition mit derselben Größe wie den Arbeitsspeicher anzulegen. Ein Grund, diesen größer zu machen, wäre etwa die Bearbeitung sehr großer Videodateien.

Ab 4 GB RAM kann man auf die SWAP-Partition verzichten. In diesem Fall ist es möglich, im installierten System später eine eigene SWAP-Datei anlegen. Mit dieser ist jedoch kein Ruhezustand auf der Festplatte (Suspend to disk) möglich. Dies ist vor allem auf Laptops ein Problem.

Ich würde auf jeden Fall empfehlen, bis 8 GB RAM nicht auf eine SWAP-Partition mit 8 GB Größe zu verzichten.

Grundsätzlich gilt: Wollen Sie den Ruhezustand auf der Festplatte nutzen, sodass der Rechner tatsächlich während dieser Zeit keinen Strom benötigt, muss die SWAP-Partition mindestens so groß sein wie der Arbeitsspeicher. Denn in diesem Fall wird der komplette Inhalt des Arbeitsspeichers in die SWAP-Partition geschrieben.

Die EFI-Partition

Wichtig: Wenn Sie eine neue Partitionstabelle angelegt haben und den UEFI-Modus nutzen, sollten Sie nicht die EFI-Partition vergessen. Hier sollten 100 MB Speicherplatz genügen. Erst, wenn man mehr Betriebssysteme installieren und nebeneinander betreiben möchte, sollte man diese vergrößern – in jedem Fall sollten 300 MB genügen.

Weitere optionale Partitionen

Es besteht die Möglichkeit, für weitere wichtige Verzeichnisse des Systems eigene Partitionen anzulegen. Solange man das System nicht als Server einsetzt, ist das jedoch unnötig.

Das Dateisystem (nur bei der manuellen Partitionierung nötig)

Auch bei der Wahl des Dateisystems ist Linux sehr variabel. Es gibt unter Linux, anders als unter Windows, etliche Dateisysteme.

Der normale Linux-Nutzer sollte sich eigentlich keine Gedanken über die Wahl der Formatierung machen. Alle Dateisysteme sind stabil und schnell. »ext4« ist viele Jahre erprobt, während »btrfs« Vorteile bei Backups bietet und gerne auf Server-Systemen genutzt wird. Beide erlauben so große Dateien und Partitionen, wie man sie als normaler Nutzer in den nächsten Jahren nicht brauchen wird.

Vom viel umworbenen »xfs«-Dateisystem rate ich hingegen ab. Es wird für normale Aufgaben nicht benötigt und braucht eine starke CPU und sehr viel RAM, um damit performant arbeiten zu können. Will man ein Dateisystem mit ähnlichen Eigenschaften wie »xfs«, hat aber nur normale Hardware, sollte man eher auf »btrfs« setzen.

Meine Empfehlung für den normalen Nutzer lautet »ext4«.

Der Bootloader

Bevor Sie die manuelle Partitionierung abschließen, müssen wir uns noch um den Bootloader kümmern.

Der Bootloader (in diesem Fall GRUB) dient dazu, das gewünschte Betriebssystem beim Start des Rechners auszuwählen und dieses zu starten. Startet der Rechner, startet dieser erst den Bootloader. Dieser zeigt wiederum ein Menü mit den installierten Betriebssystemen an, aus denen Sie das gewünschte System zum Start auswählen.

Grundlegend: Ein Bootloader muss installiert werden, egal, ob nur Linux Mint auf dem Rechner installiert ist, oder auch weitere Linux-Distributionen wie auch Microsoft Windows vorhanden sind.

In der Regel erkennt die Software zur Installation von Linux Mint, auf welcher Festplatte der Bootloader installiert werden muss. Standardmäßig ist dies die erste Festplatte des Rechners mit der Bezeichnung »sda«. Befindet sich nur eine Festplatte im Rechner, ist diese Einstellung obsolet.

Interessant wird es jedoch, wenn Sie Linux Mint auf einem USB-Stick oder einer externen Festplatte installieren wollen. Auch hier gilt es, dieses Medium zur Installation für den Bootloader auszuwählen. Tun Sie dies nicht, werden auf internen Festplatten installierte Systeme nicht mehr starten, wenn der Stick oder die externe Platte nicht angeschlossen ist.

2.5.2 Benutzer anlegen und Installation abschließen

Nach dem Ende der Partitionierung klicken Sie auf den Schalter WEITER. Anschließend zeigt der Installer an, was geschehen wird, wenn Sie auf den Schalter JETZT INSTALLIEREN klicken (siehe Abbildung 2.14). Bisher hat sich auf dem Computer nichts verändert und Sie können die Installation noch immer abbrechen.

Abb. 2.14: Start der Installation bestätigen

Haben Sie den Start der Installation bestätigt, geht es weiter mit einigen Angaben zur Installation. Währenddessen wird das System bereits installiert. Es beginnt mit der Angabe Ihres Standorts und Ihrer Zeitzone. Haben Sie die Internetverbindung aktiviert, ist beides bereits richtig eingestellt (siehe Abbildung 2.15).

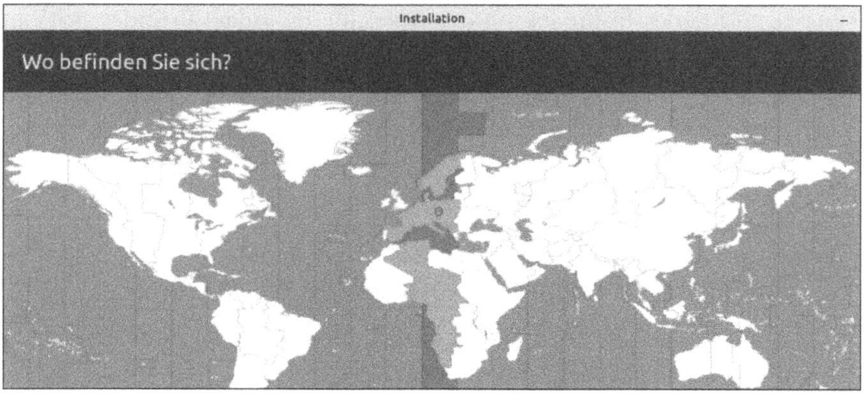

Abb. 2.15: Installation – Angeben Ihres Standorts/Ihrer Zeitzone

Zuletzt legen Sie den ersten Benutzer an. Dieser Benutzer wird mit seinem Passwort auch zum Administrator des Systems. Merken müssen Sie sich Ihren Benutzernamen (Anmeldename) und natürlich das Passwort (siehe Abbildung 2.16). Als Administrator können Sie im installierten System später weitere Benutzer anlegen und die Software verwalten (das System aktualisieren, weitere Software installieren und nicht erwünschte Programme deinstallieren).

Die unterste Option MEINEN PERSÖNLICHEN ORDNER VERSCHLÜSSELN ermöglicht es, Ihre privaten Dateien und Einstellungen zu verschlüsseln. So kommt man auch mit einem Live-System nicht an Ihre Daten. Es ist nicht nötig, diese Option auszuwählen, wenn Sie schon das komplette System verschlüsseln.

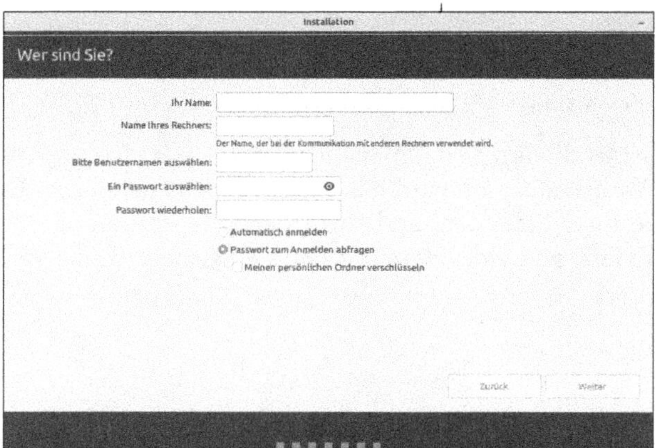

Abb. 2.16: Benutzer und Passwort anlegen

Nach dem Anlegen des ersten Benutzers klicken Sie ein letztes Mal auf den Schalter WEITER – damit wären Ihre Eingaben abgeschlossen. Bis zum Ende der Installation sehen Sie noch einige Informationen zu Linux Mint und vorinstallierter Software. Warten Sie einfach ab, bis das System Sie fragt, ob Sie weiter im Live-System arbeiten oder den Computer neu starten und das installierte System ausprobieren möchten.

Kapitel 3

Die grafische Oberfläche (der Desktop)

Unter Microsoft Windows gibt es nur eine grafische Oberfläche – diese ist jedem bekannt. Unter Linux, so auch unter Linux Mint, gibt es dagegen mehrere grafische Oberflächen – man nennt diese *Desktops* oder auch *Desktop-Umgebungen*. Unter Linux Mint werden drei der vielen unter Linux verfügbaren Desktop-Umgebungen empfohlen. Wie in Abschnitt 2.1 schon beschrieben, nennen sich diese Cinnamon, Mate und XFCE. In diesem Kapitel werden wir uns diese etwa näher an.

Desktop-Umgebungen unter Linux Mint mischen?

In Linux-Distributionen ist es problemlos möglich, mehrere Desktop-Umgebungen gleichzeitig zu installieren und zwischen diesen hin und her zu wechseln. Unter Linux Mint wird dies nicht empfohlen. Deren Entwickler passen diese Desktop-Umgebungen selbst an Linux Mint an – es könnte zu Problemen kommen. Zwischen den Desktop-Umgebungen Cinnamon, Mate und XFCE gibt es allerdings keine Schwierigkeiten.

Haben Sie Linux Mint installiert und neu gestartet, landen Sie zu Beginn am Anmelde-Bildschirm, sofern Sie nicht die automatische Anmeldung bei der Installation aktiviert haben (siehe Abbildung 3.1). Z wischen den Desktop-Umgebungen Cinnamon, Mate und XFCE gibt es allerdings keine Schwierigkeiten.

Hier ist bereits der bei der Installation angelegte Benutzer aktiviert. Sie geben nur noch Ihr Passwort ein und bestätigen mit der [↵]-Taste, um sich einzuloggen.

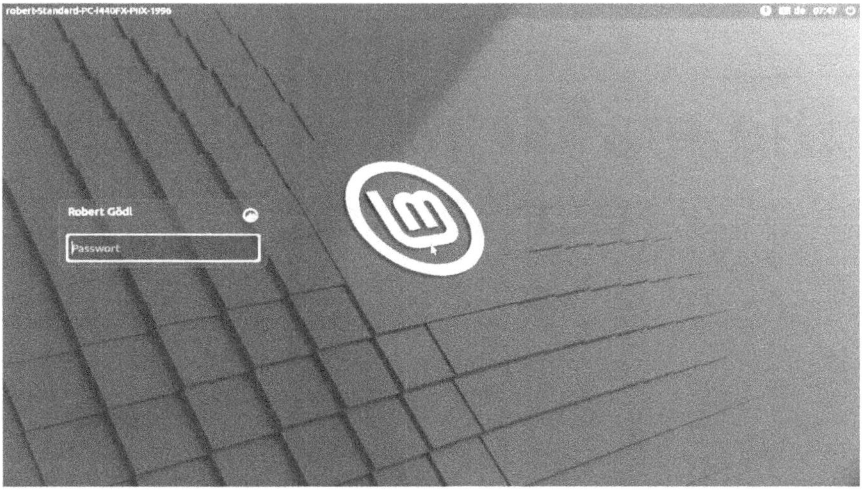

Abb. 3.1: Der Anmelde-Bildschirm

3.1 Umschalten zwischen installierten Desktop-Umgebungen

Um zwischen den installierten Desktop-Umgebungen zu wechseln, melden Sie sich vom Desktop ab. Sie landen am Anmelde-Bildschirm. Über dem Feld, in das Sie Ihr Passwort eingeben, finden Sie einen kleinen Schalter – ein Klick darauf öffnet die Auswahl der installierten Desktop-Umgebungen (siehe Abbildung 3.2). Sie wählen die gewünschte Desktop-Umgebung aus und melden sich wieder an.

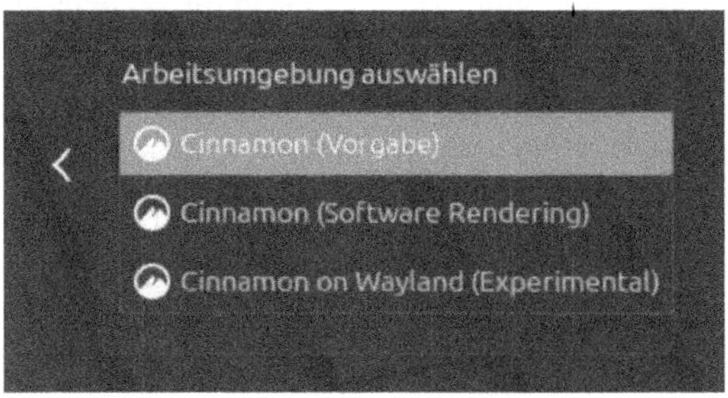

Abb. 3.2: Auswahl der gewünschten Desktop-Umgebung beim Anmelden

! Cinnamon on Wayland (Experimenta) ist die aktuellste Option. Es handelt sich dabei um einen Treiber, der den Desktop bereitstellt. vielleicht haben Sie bereits davon gehört und wollen diesen nutzen, doch unter Linux Mint 22 ist Wayland noch extrem experimentell und es kann zu Problemen bei der Darstellung und zu einigen nicht funktionierenden Anwendungen kommen. Dies könnte sich schon ab Mint 22.1 ändern, zur Drucklegung dieses Buchs ist das jedoch nicht gesichert. Aktuell ist die beste Option Cinnamon (Vorgabe). Sollte diese nicht oder nur sehr träge funktionieren, sollten Sie Mate oder XFCE nutzen.

3.2 Cinnamon – den Desktop kennenlernen

Die meisten Benutzer mit einem halbwegs modernen Rechner werden sich vermutlich für Cinnamon entscheiden. Cinnamon ist dem Desktop von Microsoft Windows am ähnlichsten und sehr einfach zu benutzen (siehe Abbildung 3.3).

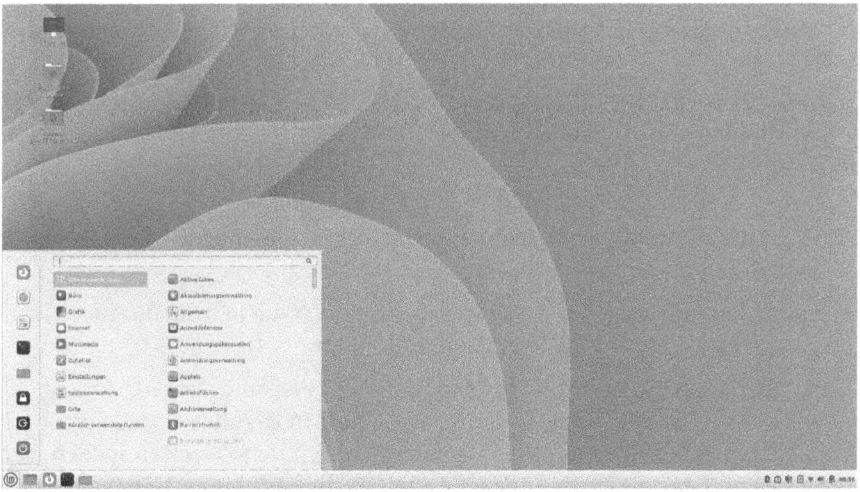

Abb. 3.3: Cinnamon – der Desktop mit geöffnetem Anwendungsmenü

Unten finden Sie die sogenannte Leiste. Hier befinden sich ganz links das Anwendungsmenü und weitere Symbole für häufig genutzte Anwendungen, in der Mitte die Fensterleiste (hier zeigen sich die geöffneten Fenster) und rechts Symbole für das System.

Das Anwendungsmenü öffnen Sie, wie auch unter Microsoft Windows üblich, mit einem Mausklick oder mit der [Windows]-Taste. Das Menü ist allerdings anders aufgebaut als das von Windows. Sie finden ganz links Symbole für den Webbrowser Firefox, die Einstellungen und den Dateimanager sowie Symbole zum Ausschalten, zum Abmelden und zum Sperren des Bildschirmes. Rechts finden Sie das eigentliche Anwendungsmenü in Kategorien unterteilt:

- **Alle Anwendungen** – hier finden Sie alle installierten Anwendungen nach dem Alphabet sortiert.
- **Büro** – Office-Anwendungen
- **Grafik** – Anwendungen zur Anzeige und zur Bearbeitung von Bildern sowie zum Scannen
- **Internet** – Anwendungen rund um das Internet
- **Multimedia** – Musikplayer, Videoplayer
- **Zubehör** – kleinere nützliche Anwendungen, etwa zum Erstellen von Screenshots, zum Anlegen von Notizen, einen Taschenrechner und Ähnliches.
- **Einstellungen** – alle Einstellungen rund um den Desktop nach dem Alphabet sortiert
- **Systemverwaltung** – Einstellungen rund um das System. Für die meisten Einstellungen hier benötigen Sie administrative Rechte, wenn Sie diese ändern wollen.
- **Orte** – hier finden Sie schnell wichtige Verzeichnisse.
- **Kürzlich verwendete Dateien** – Dateien, die Sie zuletzt geöffnet haben, finden sich unter diesem Eintrag.

Um sich die Einträge einer Kategorie anzusehen, brauchen Sie nur den Mauszeiger auf einen Eintrag zu legen (siehe Abbildung 3.4).

Ganz oben im Anwendungsmenü finden Sie ein Feld, das der Suche dient. Sie müssen nicht ins Feld klicken, Sie können einfach drauflos tippen, um nach dem Namen einer Anwendung oder einem bestimmten Zweck zu suchen. Um etwa einen Webbrowser zu finden, können Sie Begriffe verwenden wie »Webbrowser«, »Internet« oder »Surfen«.

Eine weitere Möglichkeit, Anwendungen unter Cinnamon zu starten, ist der Schnellstarter. Dieser dient dazu, Anwendungen, deren Bezeichnung Sie schon kennen, schneller zu öffnen, ohne das Anwendungsmenü verwenden zu müssen.

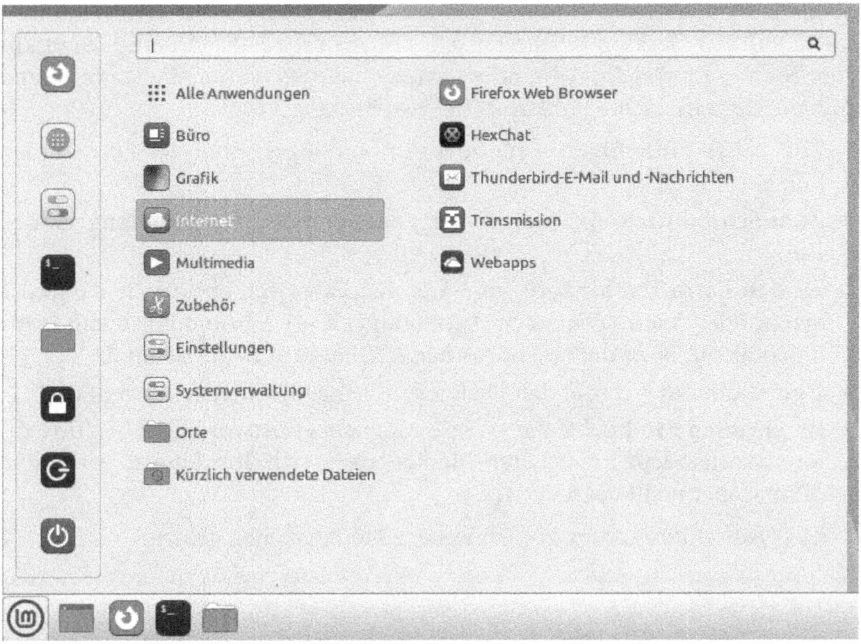

Abb. 3.4: Das Anwendungsmenü mit Kategorien

Um den Schnellstarter zu öffnen, nutzen Sie die Tastenkombination [Alt]+[F2]. Es öffnet sich ein kleines Fenster in der Mitte des Bildschirms (siehe Abbildung 3.5). Hier geben Sie den Befehl zum Starten der Anwendung ein, kleingeschrieben, und bestätigen mit der [↵]-Taste. Um Firefox zu öffnen, genügt die Eingabe von:

```
firefox
```

Abb. 3.5: Der Schnellstarter – Anwendungen ohne das Anwendungsmenü öffnen

Symbole oft genutzter Anwendungen lassen sich auch aus dem Anwendungsmenü auf den Desktop (»Schreibtisch«) oder in die Leiste legen. Hierzu klicken Sie den Eintrag im Anwendungsmenü mit der rechten Maustaste an und wählen die gewünschte Funktion (siehe Abbildung 3.6):

- **Zur Leiste hinzufügen** – fügt das Anwendungssymbol der Leiste unten hinzu.
- **Zum Schreibtisch hinzufügen** – legt das Symbol der Anwendung auf den Desktop.
- **Zu den Favoriten hinzufügen / Aus den Favoriten entfernen** – fügt das Symbol den häufig genutzten Anwendungen im Anwendungsmenü (ganz links) hinzu. Ist es dort schon vorhanden, entfernt es das Symbol.
- **Deinstallieren** – startet den Dialog zur Deinstallation der Anwendung.
- **Im sicheren Modus öffnen** – diese Möglichkeit ist vor allem bei Texteditoren vorhanden. Im sicheren Modus lassen sich Textdateien nur lesend öffnen, aber nicht bearbeiten.

Je nach Anwendung kann es auch weitere Möglichkeiten geben.

Abb. 3.6: Anwendungen der Leiste oder dem Desktop hinzufügen

Das Hintergrundbild des Desktops ändern Sie, indem Sie mit der rechten Maustaste auf eine freie Stelle am Desktop klicken und den Eintrag HINTERGRUND DES SCHREIBTISCHES wählen. Es öffnet sich ein Fenster mit mehreren Bildern. Links haben Sie die Möglichkeit, zwischen Logos von Linux Mint und weiteren Bildern ohne Logos auszuwählen. Das Verzeichnis »Bilder« lässt Sie eigene Bilder für den Hintergrund auswählen. Oben im Fenster finden Sie zwei Reiter: Unter »Bilder« können Sie einzelne Bilder wählen, der Reiter »Einstellungen« lässt auch ein ganzes Verzeichnis mit Bildern zu, die sich in einem von Ihnen wählbaren Intervall abwechseln (siehe Abbildung 3.7).

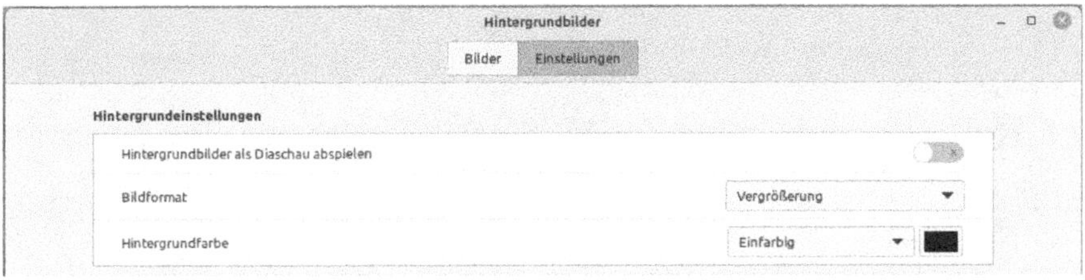

Abb. 3.7: Hintergrundbild des Desktops im Intervall automatisch ändern

3.2.1 Erweiterte Desktop-Einstellungen unter Cinnamon

Der Desktop Cinnamon ist sehr umfangreich, aber dennoch einfach anzupassen. Alle Einstellungen finden Sie im Anwendungsmenü ganz links mit einem Klick auf den Schalter mit den zwei Reglern: Das dritte Symbol von oben (siehe Abbildung 3.6. Das entsprechende Symbol ist eingekreist).

Die Einstellungen hier sind in vier Kategorien unterteilt:

- **Erscheinungsbild** – optische Einstellungen wie Hintergrundbild, Effekte, verwendete Schriften und Thema des Desktops (hellere oder dunklere).
- **Einstellungen** – erweiterte Einstellungen rund um den Desktop und zusätzliche Erweiterungen (dazu mehr später).
- **Geräte** – Einstellungen rund um den Bildschirm, Drucker, externe Speichermedien und Netzwerk.
- **Systemverwaltung** – Anlegen weiterer Benutzerkonten, die Einstellungen zur Firewall und Ähnliches.

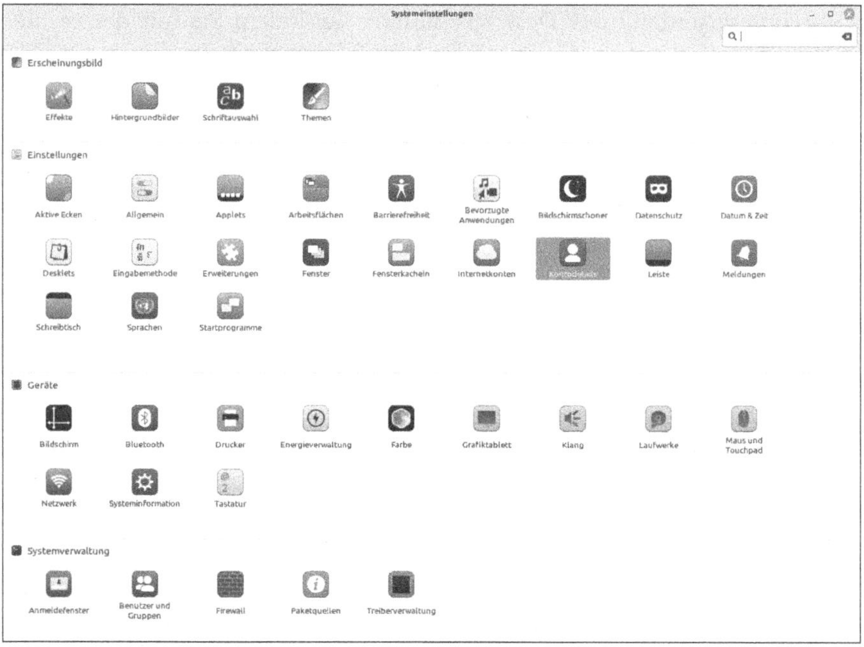

Abb. 3.8: Einstellungen zum Desktop und dem System unter Cinnamon

Alle Einstellungen finden Sie auch im Anwendungsmenü unter den Kategorien »Einstellungen« und »Systemverwaltung«.

Unter »Effekte« lassen sich die 3D-Effekte anpassen, also etwa animiertes Minimieren und Maximieren von Fenstern. Bewegen sich Fenster beim Verschieben auf dem Desktop nur zögerlich, ruckelt der Mauszeiger oder bemerken Sie, dass der Lüfter ohne Grund immer sehr hoch dreht, versuchen Sie hier, Effekte per Mausklick zu deaktivieren.

Über die »Schriftauswahl« passen Sie die Schriftarten und deren Größe auf dem Desktop, in den Menüs und in geöffneten Dokumenten an. Dies kann je nach Bildschirmgröße und -auflösung für bessere Lesbarkeit sorgen.

Unter dem Eintrag »Themen« lässt sich das Thema von Cinnamon anpassen. Das Standard-Thema von Cinnamon unter Linux Mint ist sehr dunkel. Gefällt Ihnen das nicht, finden Sie hier helle Themen. Auch die Symbole ändern Sie hier per Mausklick (siehe Abbildung 3.9).

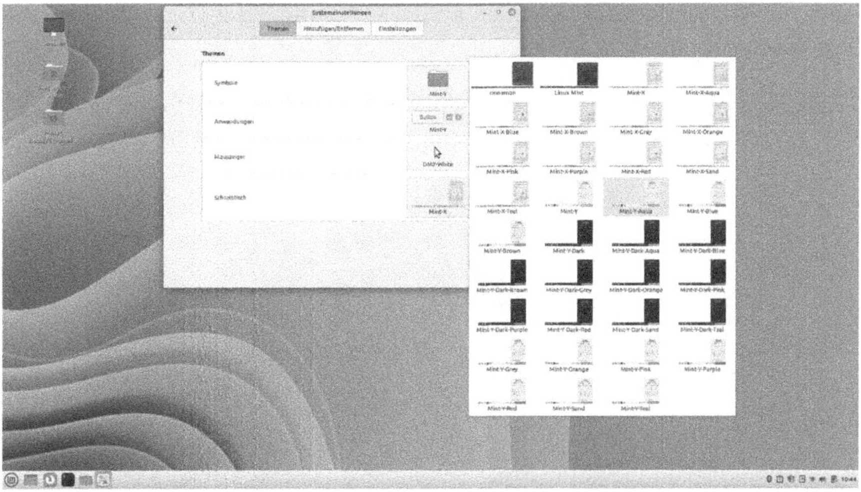

Abb. 3.9: Themen unter Cinnamon ändern

Unter den Themen finden Sie oben auch den Reiter »Hinzufügen/Entfernen«. Hierüber lassen sich weitere unterschiedlichste Themen aus dem Internet nachinstallieren.

Die »Aktiven Ecken« dienen dazu, bestimmte Aktionen auszuführen, wenn Sie den Mauszeiger in eine Bildschirmecke bewegen. Sie aktivieren einfach den Schalter der gewünschten Ecke in der Grafik und legen über die Auswahl darunter fest, welche Aktion ausgeführt werden soll (siehe Abbildung 3.10):

- **Alle Arbeitsflächen anzeigen** – zeigt alle virtuellen Arbeitsflächen an (siehe mehr unter Abschnitt 3.2.3). Ein Mausklick auf eine Arbeitsfläche, und Sie wechseln auf diese.
- **Alle Fenster anzeigen** – zeigt alle geöffneten Fenster verkleinert auf der Arbeitsfläche an. Ein Mausklick auf das gewünschte Fenster maximiert dieses.
- **Schreibtisch anzeigen** – minimiert alle Fenster in die Leiste und zeigt den Desktop an.
- **Befehl ausführen** – startet den Schnellstarter, um einen Befehl auszuführen.

Über die »Applets« legen Sie weitere Funktionen in die Leiste am unteren Bildschirmrand. Es handelt sich bei Applets um kleine Erweiterungen, die Aktionen auslösen können, etwa das Abmelden und Neustarten, ohne das Anwendungsmenü zu öffnen. Sie können auch Informationen anzeigen, wie etwa das Wetter oder die aktuelle Last der CPU und Ähnliches. Weitere Applets lassen sich aus dem Internet herunterladen.

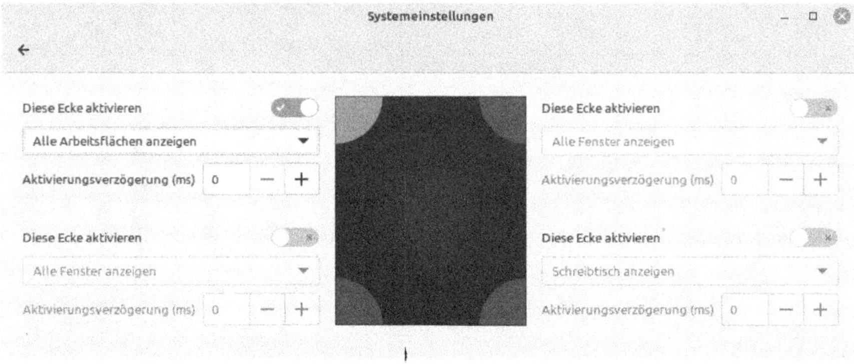

Abb. 3.10: Aktive Ecken anpassen

Ähnlich zu den Applets sind die »Desklets«. Desklets sind jedoch größer und liegen, wie der Name schon andeutet, auf dem Desktop. Auch Desklets können Aktionen auslösen oder Informationen anzeigen. Weitere Desklets lassen sich aus dem Internet herunterladen und installieren. In Abbildung 3.11 sehen Sie einige Beispiele. Sie verschieben solche Desklets, indem Sie diese mit der linken Maustaste anklicken und an die gewünschte Stelle ziehen. Per Rechtsklick kommen Sie an die Einstellungen.

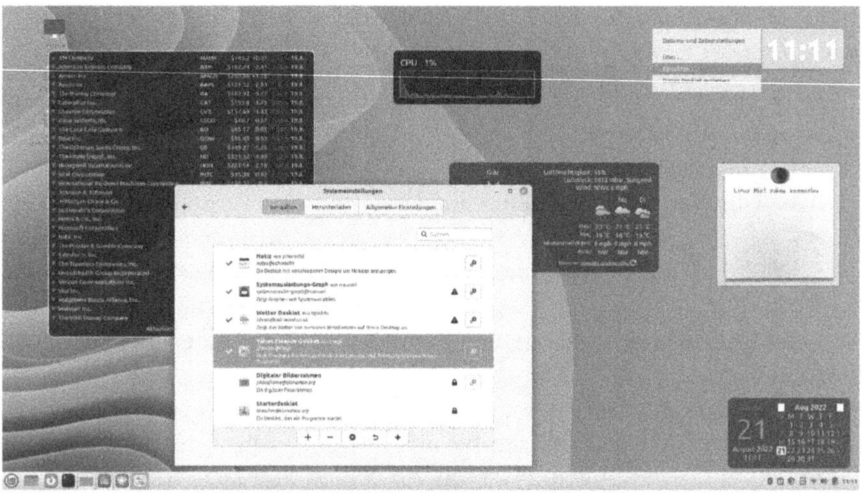

Abb. 3.11: Desklets auf dem Desktop

Unter dem Punkt »Bevorzugte Anwendungen« passen Sie an, welche Anwendungen starten sollen, wenn Sie eine Datei öffnen. Dies funktioniert auch mit Links in einer Datei. Haben Sie mehrere Webbrowser installiert, stellen Sie hier ein, welcher Browser sich bei einem Klick darauf öffnet.

Der Eintrag »Startprogramme« lässt Sie anpassen, welche Anwendungen starten sollen, wenn Sie sich am Desktop anmelden (siehe Abbildung 3.12). Sie klicken unten im Fenster auf den Schalter mit dem Plus, wählen im sich öffnenden Fenster die gewünschte Anwendung und klicken dann auf den Schalter Anwendung hinzufügen.

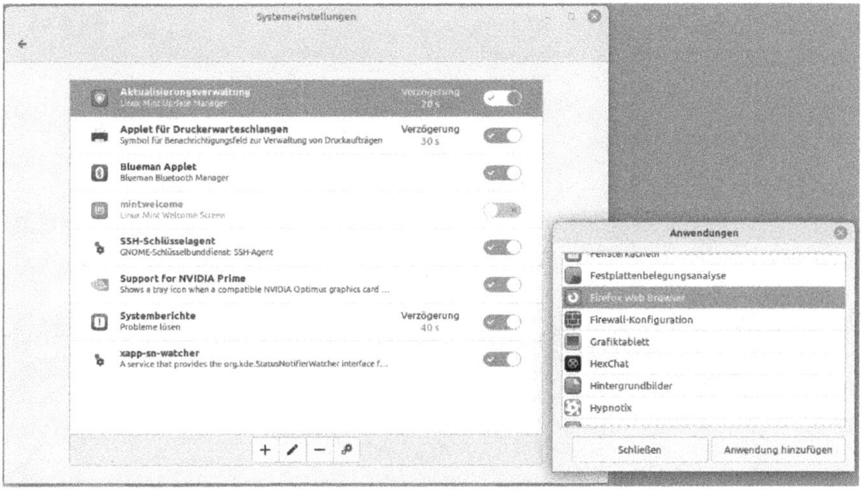

Abb. 3.12: Automatisch zu startende Anwendungen auswählen

Unter »Bildschirm« passen Sie die Auflösung an sowie die Skalierung bei sehr großen Bildschirmen (größere Symbole und Schriften). Bei mehreren Bildschirmen legen Sie fest, wo sich diese befinden (um etwa mit der Maus auf den linken Bildschirm zu kommen, wenn Sie mit dem Mauszeiger über die linke Bildschirmecke des einen Bildschirmes zu fahren).

Über »Bluetooth« verbinden Sie sich mit Bluetooth-Geräten und über »Drucker« fügen Sie dem System Drucker und Multifunktionsgeräte hinzu.

Über das »Netzwerk« finden Sie den erweiterten Dialog, um sich mittels WLAN, DSL oder eines Internet-Sticks mit dem Internet zu verbinden. Klicken Sie auf den Schalter mit dem Plus, wählen Sie die gewünschte Art der Verbindung und folgen Sie dem Dialog. Zuvor müssen Sie einen Internet-Stick anschließen und natürlich die SIM-Karte einlegen. Auch lässt sich ein

Rechner über den Schalter ALS DRAHTLOSEN ZUGANGSPUNKT VERWENDEN ... als Router nutzen. Der Rechner stellt dann eine WLAN-Internet-Verbindung für andere Geräte bereit (siehe Abbildung 3.13).

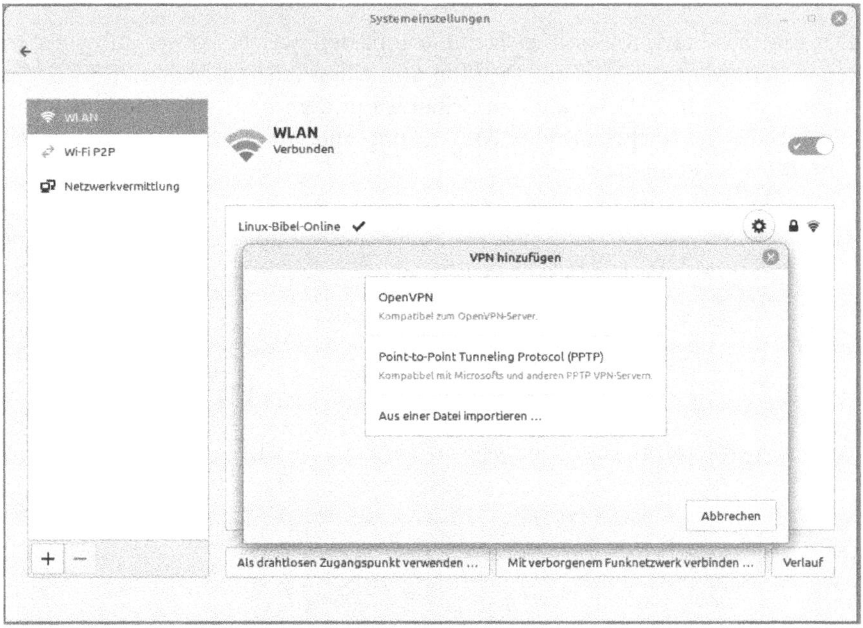

Abb. 3.13: Internetverbindungen unter Cinnamon verwalten

Mittels »Benutzer und Gruppen« erstellen Sie neue Konten für weitere Benutzer.

3.2.2 Nemo – der Dateimanager

Der Dateimanager unter Cinnamon nennt sich Nemo. Sie finden ihn im Anwendungsmenü unter der Bezeichnung »Dateien«. Dieser öffnet sich auch, wenn Sie in der Leiste rechts neben dem Anwendungsmenü oder auf dem Desktop auf das Symbol mit der Bezeichnung »Persönlicher Ordner« klicken – der Eintrag mit dem Haus als Symbol (siehe Abbildung 3.14).

Sie arbeiten mit Nemo wie mit dem Dateimanager unter Windows. Sie öffnen Ordner und Dateien per Doppelklick, per Rechtsklick öffnet sich das Kontextmenü. Über dieses Kontextmenü löschen Sie Dateien und Ordner oder erstellen welche, benennen diese um oder lassen sich deren Eigenschaften anzeigen. Auch komprimierte Archive wie etwa ZIP-Dateien entpacken Sie per Rechtsklick. Ebenso lassen sich hier komprimierte Archive aus Dateien oder Ordnern erstellen.

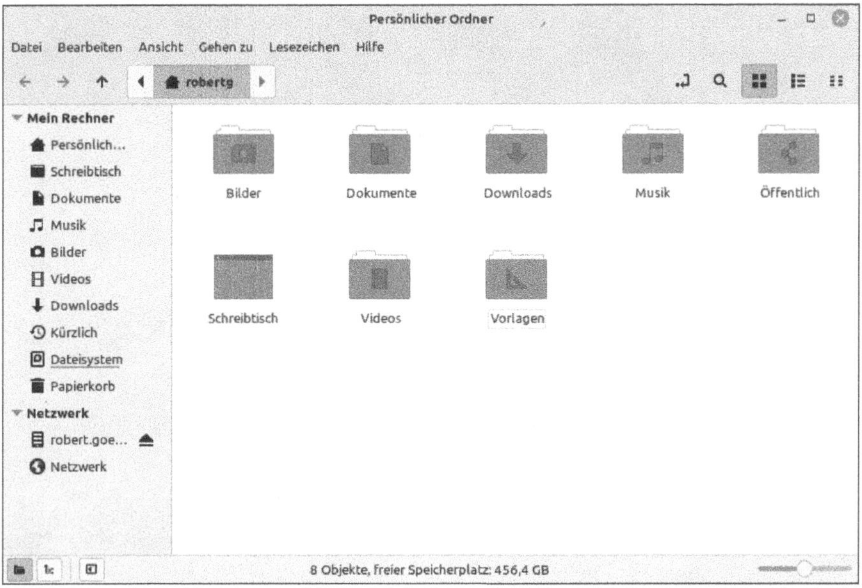

Abb. 3.14: Cinnamons Dateimanager Nemo

Links im Fenster sehen Sie die Orte-Liste. Hier finden sich lokale Ordner auf dem Rechner und auch angeschlossene Datenträger oder solche im Netzwerk.

Möchten Sie einen Ordner zur besseren Übersicht markieren, klicken Sie diesen mit der rechten Maustaste an und lassen Sie sich über den Eintrag EIGENSCHAFTEN dessen Eigenschaften anzeigen. Auf dem Reiter »Embleme« finden Sie Markierungen, mit denen Sie den Ordner schneller finden können (siehe Abbildung 3.15).

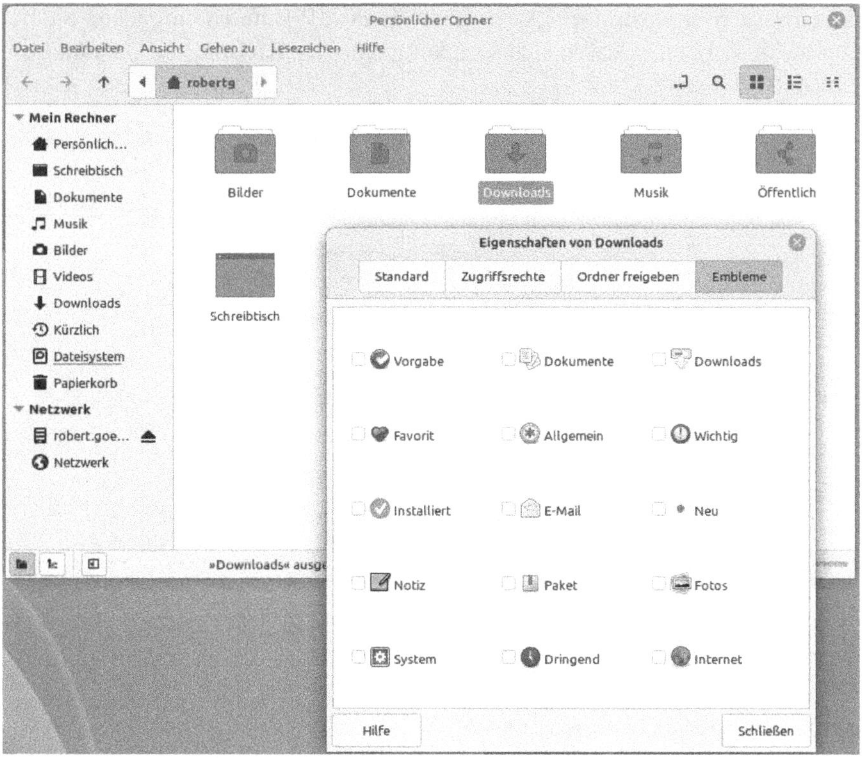

Abb. 3.15: Embleme für Ordner in Nemo

Lassen Sie sich in Nemo per Kontextmenü die Eigenschaften anzeigen, können Sie über den Reiter »Öffnen mit« auch festlegen, mit welcher Anwendung eine Datei in einem bestimmten Format geöffnet werden soll.

3.2.3 Virtuelle Arbeitsflächen unter Cinnamon

Virtuelle Arbeitsflächen – auch virtuelle Desktops genannt – dienen der besseren Übersicht. Damit lassen sich viele geöffnete Fenster auf mehrere virtuelle Arbeitsflächen verteilen, sodass Sie nur wenige offene Fenster auf dem Bildschirm haben. Schalten Sie auf eine andere virtuelle Arbeitsfläche, finden sich hier andere Fenster.

Um sich dies besser vorstellen zu können, sehen Sie sich folgendes Bildschirmfoto an (Abbildung 3.16).

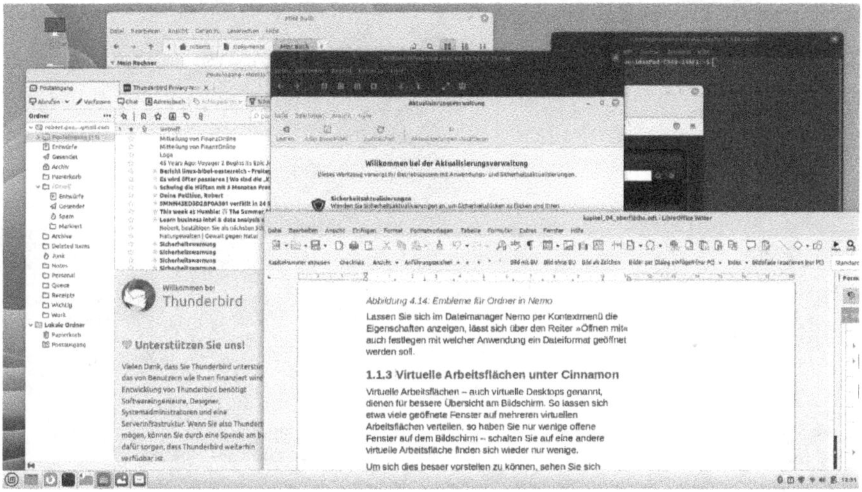

Abb. 3.16: Viele geöffnete Fenster unter Cinnamon

Irgendwann verliert man bei vielen geöffneten Fenstern die Übersicht und man hat nicht immer mehrere Bildschirme angeschlossen, um die Fenster auf diese zu verteilen.

Virtuelle Arbeitsflächen können Sie sich also vorstellen wie mehrere Bildschirme, nur dass Sie nicht alle von ihnen gleichzeitig sehen. Drücken Sie unter Cinnamon die Tastenkombination Strg+Alt+↑, werden alle virtuellen Arbeitsflächen am Desktop mit allen geöffneten Fenstern angezeigt (siehe Abbildung 3.17).

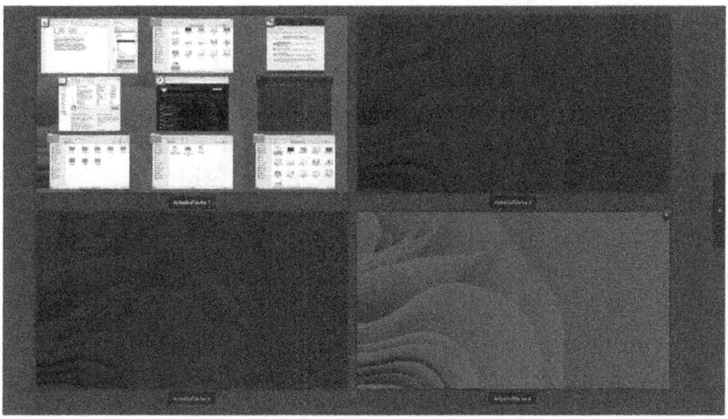

Abb. 3.17: Virtuelle Arbeitsflächen unter Cinnamon

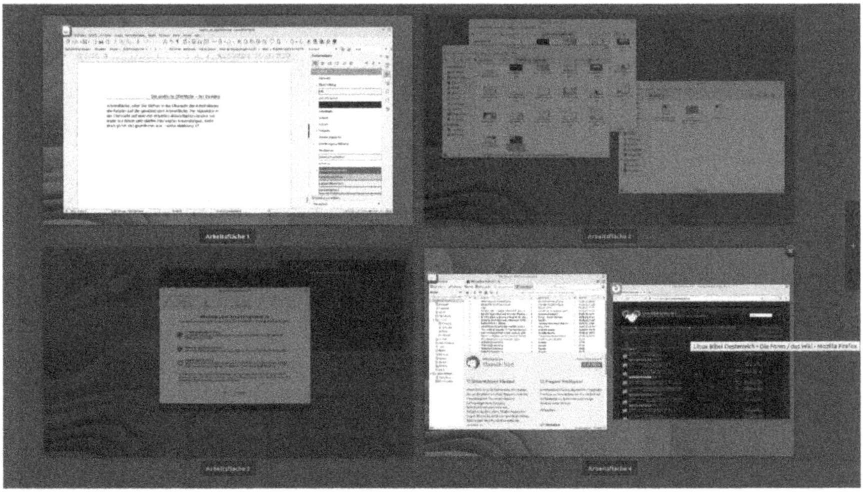

Abb. 3.18: Belegte virtuelle Arbeitsflächen unter Cinnamon

3.3 Mate – der ressourcenschonende Desktop

Mate sieht nicht nur so aus wie das alte GNOME, es wird auch so bedient – klassisch mit zwei Leisten (eine am oberen Bildschirmrand mit Anwendungsmenü und Uhr sowie eine am unteren Bildschirmrand mit der Fensterleiste). Nur die Bezeichnungen der Anwendungen lauten anders.

Da Mate auf der alten GNOME-Version basiert, läuft diese Desktop-Umgebung auch auf älteren Rechnern schnell und flüssig.

Optisch ähnelt Mate sehr alten Microsoft Windows-Versionen – ist jedoch mit viel mehr Funktionen und Möglichkeiten bestückt (siehe Abbildung 3.19).

Wie auch unter Cinnamon gibt es am unteren Bildschirmrand eine Leiste. Links finden Sie das Anwendungsmenü mit Symbolen für den Dateimanager und den vorinstallierten Webbrowser Firefox. In der Mitte findet sich die Fensterleiste mit geöffneten Fenstern und rechts befinden sich Systemsymbole, etwa der Network-Manager oder die Uhr.

Das Anwendungsmenü ist etwas anders aufgebaut als das von Cinnamon (siehe Abbildung 3.20).

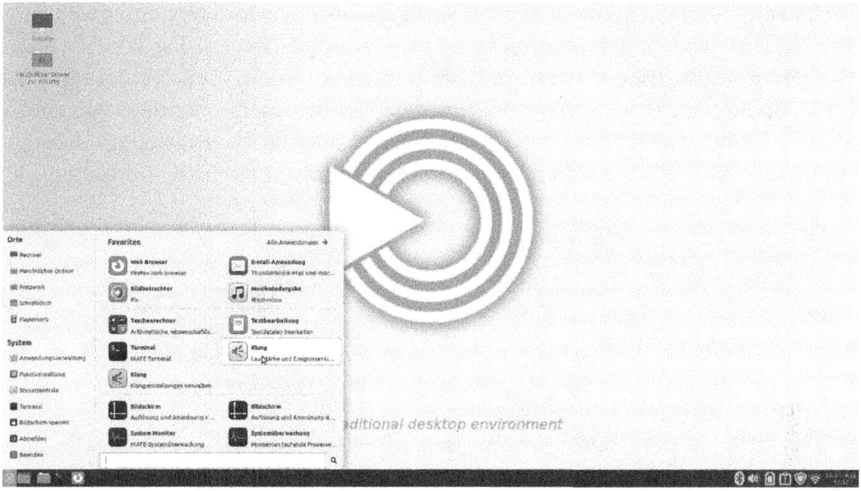

Abb. 3.19: Der Desktop Mate

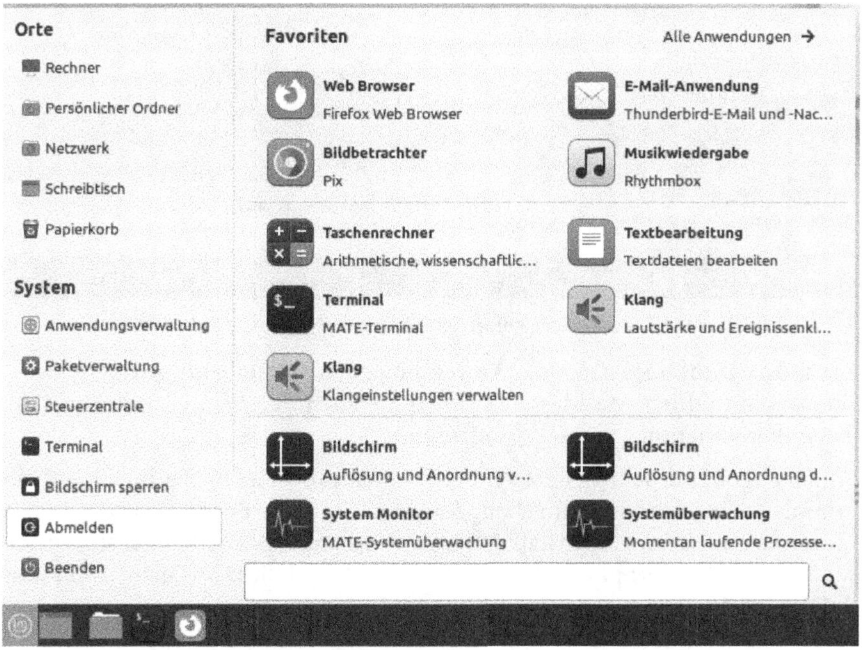

Abb. 3.20: Das Mate-Anwendungsmenü

Links zeigt sich eine Auswahl an wichtigen Ordnern und Systemanwendungen. Rechts finden sich Anwendungen und Einstellungen. Sie können ganz einfach drauflos tippen, um nach dem Namen oder dem Zweck einer Anwendung zu suchen, etwa »Internet«, um den Webbrowser zu finden. Alternativ klicken Sie oben rechts auf den Schalter ALLE ANWENDUNGEN, um sich die Ansicht des Menüs in Software-Kategorien anzeigen zu lassen (siehe Abbildung 3.21).

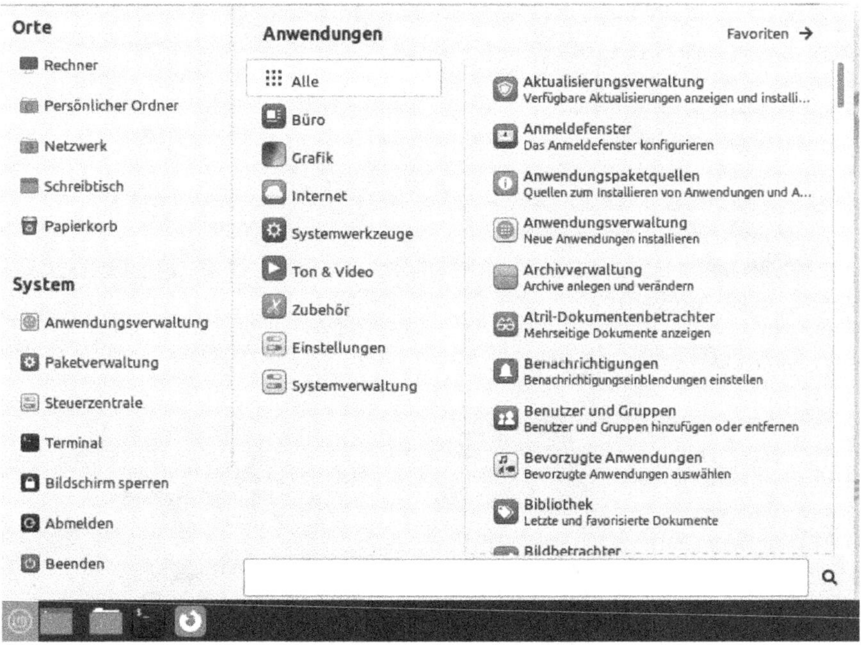

Abb. 3.21: Das Mate-Anwendungsmenü in Kategorien

Sie müssen zum Starten von Anwendungen nicht unbedingt das Anwendungsmenü öffnen. Stattdessen können Sie auch den Schnellstarter mit der Tastenkombination [Alt]+[F2] aufrufen.

Anders als beim Schnellstarter unter Cinnamon müssen Sie hier nicht die komplette Bezeichnung eingeben. Möchten Sie etwa Firefox starten, tippen Sie einfach die ersten Buchstaben der Anwendung ein. Der Schnellstarter unter Mate sucht sofort passende Vorschläge und zeigt diese an (siehe Abbildung 3.22). Sie brauchen nur noch mit der [↵]-Taste zu bestätigen.

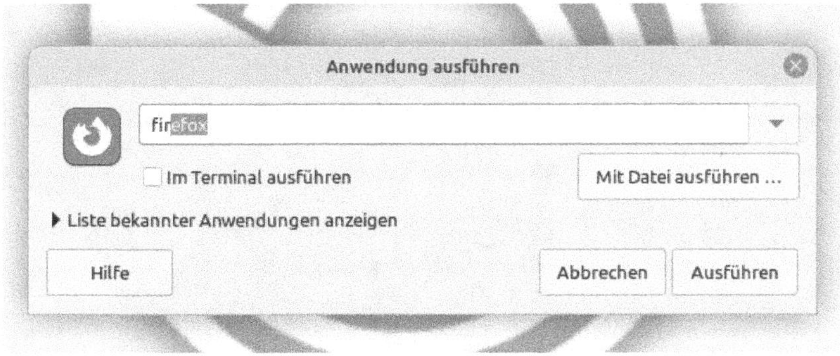

Abb. 3.22: Der Schnellstarter unter Mate

Auch unter Mate lassen sich Symbole aus dem Anwendungsmenü auf dem Desktop ablegen oder der Leiste hinzufügen. Suchen Sie den gewünschten Eintrag im Anwendungsmenü und klicken diesen mit der rechten Maustaste an. Jetzt wählen Sie im Kontextmenü die passende Aktion:

- **Zum Schreibtisch hinzufügen** – legt das Symbol der Anwendung am Desktop ab.
- **Zur Leiste hinzufügen** – legt das Symbol der Anwendung rechts neben dem Anwendungsmenü in der Leiste ab.
- **In meinen Favoriten anzeigen** – zeigt das Symbol im Anwendungsmenü an, ohne dass auf den Schalter ALLE ANWENDUNGEN geklickt werden muss.
- **Beim Anmelden starten** – startet die Anwendung automatisch, sobald Sie sich am Desktop anmelden.
- **Deinstallieren** – startet den Dialog zur Deinstallation der Anwendung.

Das Hintergrundbild des Desktops ändern Sie per Rechtsklick auf den Desktop und der Wahl des Eintrages HINTERGRUND DES SCHREIBTISCHES ÄNDERN.

3.3.1 Erweiterte Desktop-Einstellungen unter Mate

Wie unter Cinnamon finden Sie auch unter Mate alle Einstellungen zu Desktop und System nicht nur unter den Einträgen »Einstellungen« und »Systemeinstellungen« im Anwendungsmenü, sondern auch ganz links im Anwendungsmenü unter dem Eintrag »Steuerzentrale« (siehe Abbildung 3.23).

Bis auf eine etwas andere Aufteilung der großen Bereiche finden Sie in den Systemeinstellungen dieselben Einträge wie unter Cinnamon. Die für Mate speziellen Einträge werden im Folgenden genauer beschrieben.

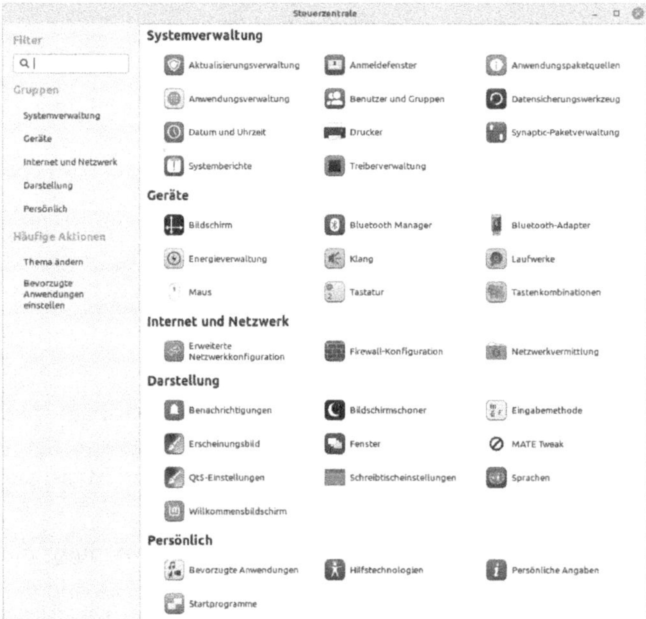

Abb. 3.23: Erweiterte Desktop-Einstellungen unter Mate

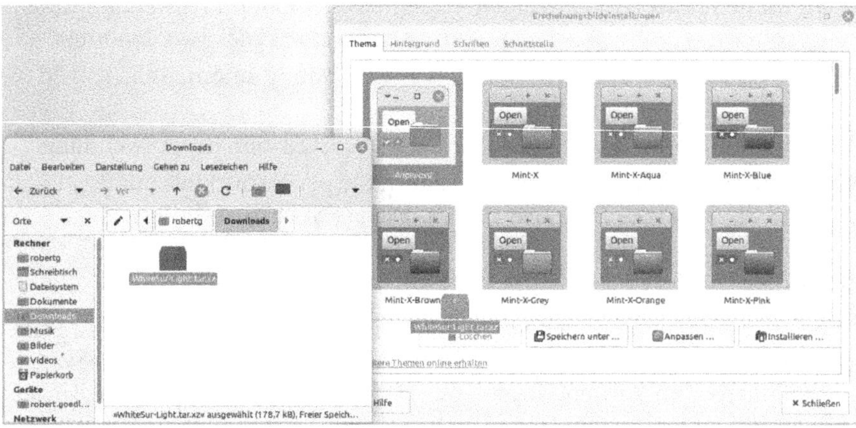

Abb. 3.24: Neue Themen für Mate installieren

Das »Erscheinungsbild« lässt Sie das Thema wechseln. Auch die Schriften des Desktops und innerhalb von Fenstern können Sie hier anpassen. Weitere Themen für den Desktop finden Sie unter *https://www.mate-look.org/*

browse?cat=135 zum Download. Themen lassen sich ganz einfach installieren: Laden Sie diese von der Webseite herunter und ziehen Sie die komprimierte TAR.XZ-Datei mit der Maus aus dem Dateimanager in das Fenster mit den Themen-Einstellungen. Anschließend können Sie das neue Thema auswählen. Es ist sofort aktiv, sobald Sie es per Mausklick wählen (siehe Abbildung 3.24).

Ein weiterer spezieller Eintrag unter Mate ist »Mate Tweak«. Hier finden Sie zusätzliche Einstellungen für den Desktop, etwa die Möglichkeit, dass sich Mate automatisch an sehr hochauflösende Bildschirme anpasst.

Applets in der Leiste

Der Leiste unter Mate lassen sich weitere Applets hinzufügen. Diese können Informationen über das System oder aus dem Internet zeigen, aber auch Aktionen ausführen. Solche Applets sind bereits vorinstalliert. Einige davon sind bereits aktiv. So ist etwa das Anwendungsmenü in der Leiste ein eigenes Applet.

Um der Leiste Applets hinzuzufügen, klicken Sie auf eine freie Stelle in der Leiste mit der rechten Maustaste und wählen Sie im Kontextmenü den Eintrag Zur Leiste hinzufügen (siehe Abbildung 3.25).

Abb. 3.25: Applets der Leiste hinzufügen

In dieser Liste finden Sie alle installierten Applets. Diese sind mit Namen und einer kurzen Beschreibung aufgelistet. Um eines der Applets der Leiste hinzuzufügen, markieren Sie den Eintrag mit einem Linksklick und klicken Sie auf den Schalter HINZUFÜGEN. Das hinzugefügte Applet landet an einer freien Stelle in der Leiste.

In folgenden Beispiel habe ich das Wetter-Applet der Leiste hinzugefügt. Per Rechtsklick auf ein Applet gelangen Sie an das Kontextmenü und an dessen Einstellungen (siehe Abbildung 3.26).

Über den Eintrag EINSTELLUNGEN gelangen Sie an die eigentlichen Einstellungen des Applets. Mittels VERSCHIEBEN, verschieben Sie das Applet innerhalb der Leiste. Möchten Sie das Applet aus der Leiste löschen, nutzen Sie den Eintrag AUS DER LEISTE ENTFERNEN.

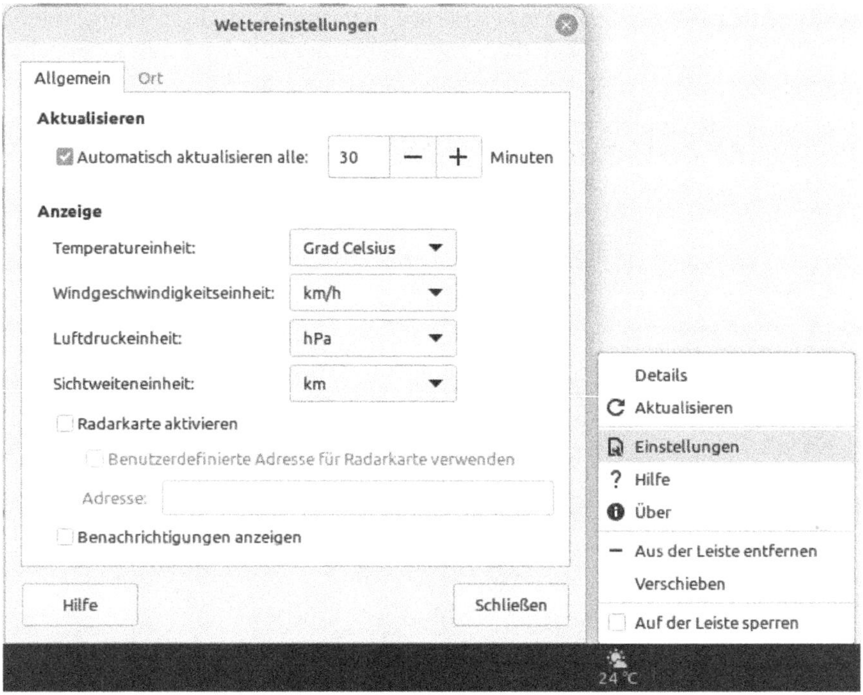

Abb. 3.26: Einstellungen an Applets in der Leiste

Möchten Sie die Standardkonfiguration der Leiste wie beim ersten Anmelden nach der Installation wiederherstellen, klicken Sie mit der rechten Maustaste auf eine freie Stelle in der Leiste und wählen Sie den Eintrag RESET ALL PANELS.

3.3.2 Caja – der Dateimanager unter Mate

Der Dateimanager unter Mate nennt sich »Caja«. Er ist in etwa gleich aufgebaut wie sein Pendant unter Cinnamon. Die Bedienung ist auch dieselbe. Per Doppelklick öffnen Sie Ordner und Dateien und mit einem Rechtsklick öffnen Sie das Kontextmenü, über das Sie Ordner und Dateien löschen oder erstellen (siehe Abbildung 2.27).

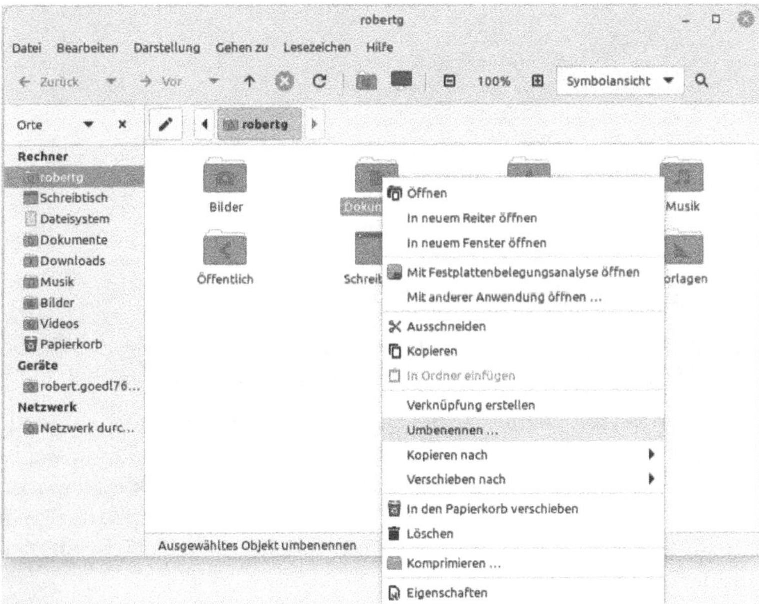

Abb. 3.27: Caja – der Dateimanager unter Mate

Über den Menüeintrag DARSTELLUNG|ZUSÄTZLICHE LEISTE teilen Sie das Fenster in zwei Hälften. So lässt sich in jeder Fensterhälfte ein eigenes Verzeichnis öffnen. Dadurch können Sie, ohne ein zweites Fenster des Dateimanagers zu öffnen, Dateien und Verzeichnisse durch Anklicken und Ziehen in ein anderes Verzeichnis kopieren oder verschieben (siehe Abbildung 3.28).

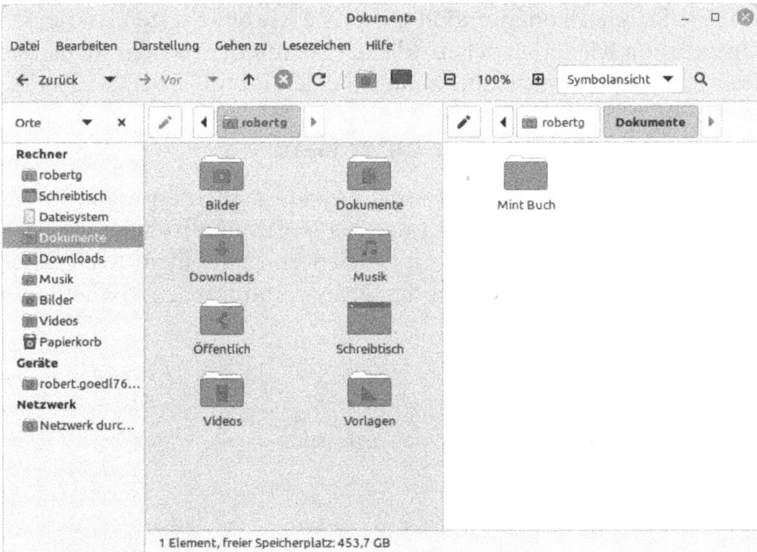

Abb. 3.28: Der Dateimanager Caja in zwei Hälften geteilt

3.3.3 Virtuelle Arbeitsflächen unter Mate

Fast jede Desktop-Umgebung unter Linux verfügt über virtuelle Arbeitsflächen, so auch Mate. (Mehr über deren Zweck lesen Sie in Abschnitt 3.2.3.)

Um zwischen den verschiedenen Arbeitsflächen zu wechseln, nutzen Sie die Tastenkombination [Strg]+[Alt]+[→]. Jeder Druck auf die Pfeiltaste wechselt auf eine weitere virtuelle Arbeitsfläche nach rechts. Vier haben Sie davon zur Verfügung. Zurück gehen Sie mittels [Strg]+[Alt]+[←]. Eine Anzeige in der Mitte des Bildschirms zeigt Ihnen kurz, auf welcher Arbeitsfläche Sie sich aktuell befinden (siehe Abbildung 3.29).

Abb. 3.29: Anzeige zur Navigation zwischen den unterschiedlichen virtuellen Arbeitsflächen

Arbeiten Sie lieber mit der Maus als mit Tastenkombinationen, sollten Sie sich das Applet »Arbeitsflächenumschalter« in die Leiste legen (siehe Abschnitt 3.3.1). Anschließend können Sie per Mausklick zwischen den virtuellen Arbeitsflächen wechseln (siehe Abbildung 3.30).

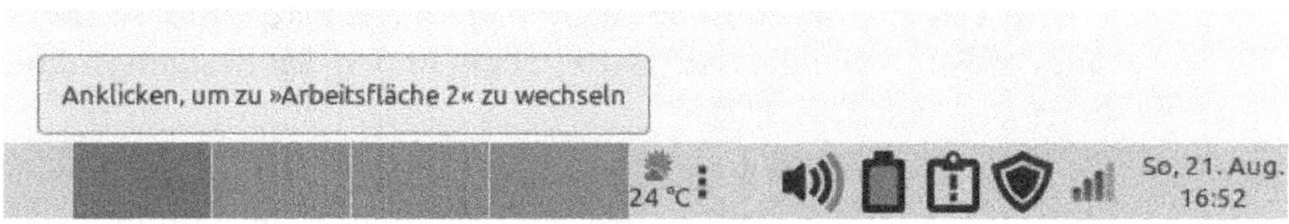

Abb. 3.30: Applet zum Umschalten der virtuellen Arbeitsflächen

3.4 XFCE – ressourcenschonend und schnell

XFCE ist die dritte Desktop-Umgebung unter Linux Mint und vergleichbar mit Mate. XFCE ist ebenso Ressourcen schonend wie schnell und läuft auch auf älteren Computern flüssig. Ein großer Unterschied zwischen Mate und XFCE sind die Einstellungen. Unter XFCE lässt sich so gut wie alles anpassen. In Abbildung 3.31 sehen Sie ein Bildschirmfoto mit geöffnetem Anwendungsmenü und hellerem Thema als unter Linux Mint üblich.

Abb. 3.31: XFCE mit geöffnetem Anwendungsmenü

Auch bei XFCE handelt es sich um eine klassische Desktop-Umgebung – Sie finden also alles an gewohnter Stelle. XFCE wird seit über 25 Jahren entwickelt und ist dementsprechend fehlerfrei. Trotzdem verfügt diese Desktop-Umgebung über mehr Funktionen als so manche andere unter Linux.

Am unteren Bildschirmrand finden Sie die Leiste. In dieser zeigt sich ganz links das Anwendungsmenü. Rechts daneben befinden sich die Symbole mit Firefox und dem Dateimanager. In der Mitte liegt die Fensterleiste. In dieser werden geöffnete Fenster angezeigt. Ganz rechts finden Sie Systemsymbole und die Uhr.

Das Anwendungsmenü Anwendungsmenü ist eine Mischung aus den Menüs von Cinnamon und Mate. Es zeigt einerseits oft benötigte Anwendungen (Favoriten) und andererseits die Aufteilung der installierten Anwendungen in Kategorien (siehe Abbildung 3.32).

Abb. 3.32: Das XFCE-Anwendungsmenü – links die Favoriten und rechts die geöffnete Kategorie Multimedia

Links oben finden Sie die Favoriten. Diese werden standardmäßig angezeigt, wenn Sie das Anwendungsmenü öffnen. Zusätzlich lassen sich die zuletzt genutzten Anwendungen anzeigen. Darunter finden Sie die Kategorien. Über Kategorien brauchen Sie nur mit dem Mauszeiger zu fahren, um deren Inhalt anzeigen zu lassen. Alternativ tippen Sie einfach drauflos und suchen über das Suchfeld nach gewünschten Anwendungen. Sie brauchen dabei nicht in das Feld zu klicken.

Auch unter XFCE lassen sich Symbole aus dem Anwendungsmenü per Rechtsklick auf den gewünschten Eintrag auf den Desktop oder in die Leiste legen:

- **Zu Favoriten hinzufügen** – legt das Symbol der jeweiligen Anwendung auf die Startseite des Anwendungsmenüs zu den Favoriten.
- **Zum Schreibtisch hinzufügen** – legt das Symbol der Anwendung auf den Desktop.
- **Zur Leiste hinzufügen** – legt das Symbol der Anwendung neben das Anwendungsmenü in die Leiste.

Das Hintergrundbild ändern Sie, indem Sie das Kontextmenü des Desktops aufrufen. Klick Sie dazu auf eine freie Stelle am Desktop und wählen Sie einen Eintrag in den SCHREIBTISCHEINSTELLUNGEN (siehe Abbildung 3.33).

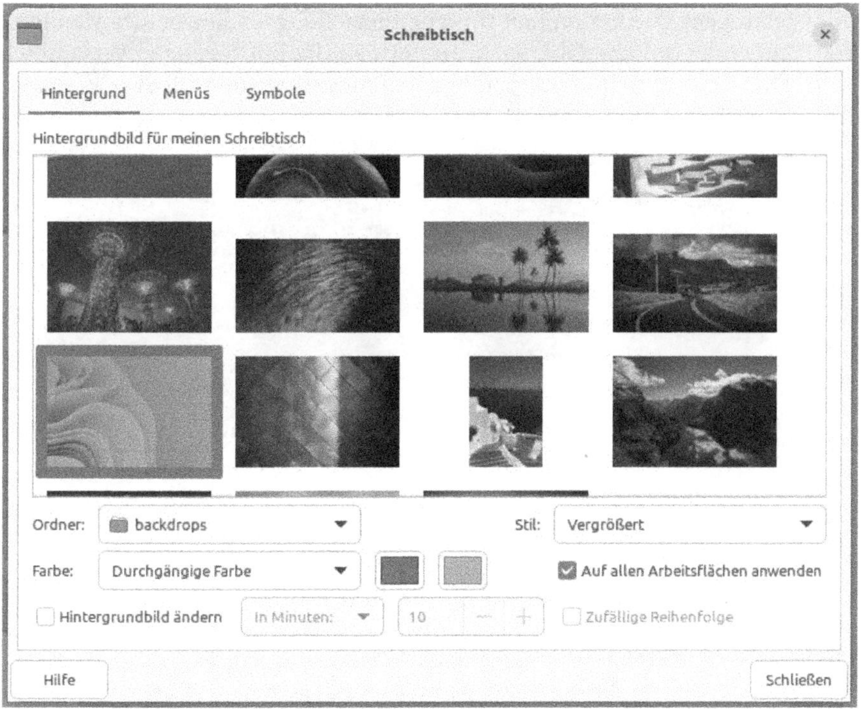

Abb. 3.33: Den Bildschirmhintergrund unter XFCE anpassen

Sie können vorinstallierte oder eigene Bilder benutzen. Wählen Sie über den Schalter ORDNER den Ordner, in dem das gewünschte Bild gespeichert ist. Anschließend zeigen sich in der Vorschau darüber die darin liegenden Bilder. Über die Checkbox HINTERGRUNDBILD ÄNDERN lässt sich der Hintergrund in einem Intervall automatisch ändern. Genutzt werden hierbei die Bilder im angegebenen Ordner. Daneben legen Sie fest, in welchem Intervall das Bild gewechselt werden soll. Ist die Checkbox Auf allen Arbeitsflächen anwenden aktiv, wird der Hintergrund auf allen virtuellen Arbeitsflächen genutzt. Deaktivieren Sie diese Option, können Sie für jede virtuelle Arbeitsfläche ein eigenes Hintergrundbild verwenden.

3.4.1 Erweiterte Desktop-Einstellungen unter XFCE

Wie unter Cinnamon und Mate finden Sie die Einstellungen im Anwendungsmenü in einer eigenen Kategorie. In XFCE befinden sich jedoch sowohl die Desktop-Einstellungen als auch die Systemeinstellungen in der Kategorie »Einstellungen«. Sie finden hier für jede Einstellung einen eigenen Menüeintrag und eine grafische Oberfläche, unter der alle Einstellungen versammelt sind. Diese nennt sich »Grafische Einstellungsverwaltung für XFCE« (siehe Abbildung 3.34).

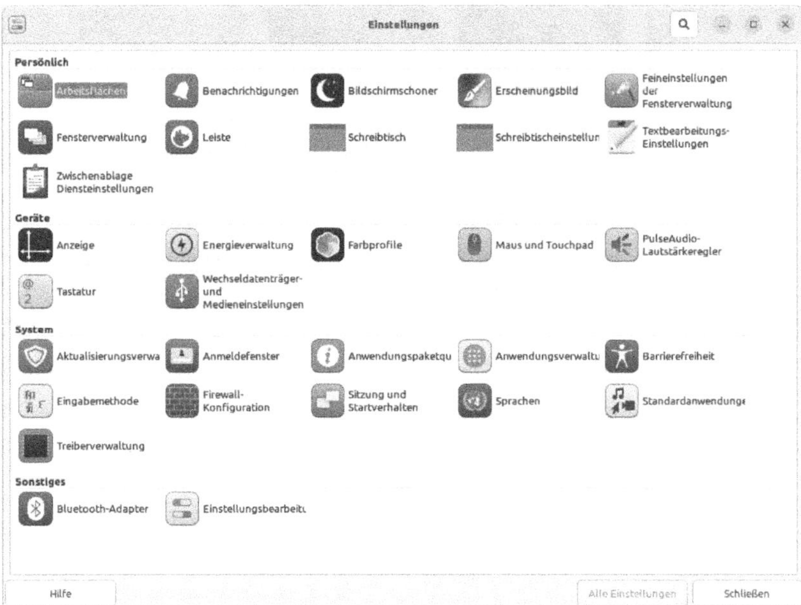

Abb. 3.34: Grafische Einstellungsverwaltung für XFCE

Auch hier sind die verschiedenen Einstellungen in Gruppen zusammengefasst, nur die Unterteilungen heißen anders. Zwei Einstellungen werden genauer beschrieben – alle anderen sind in etwa dieselben wie unter Cinnamon und Mate.

Unter »Erscheinungsbild« finden Sie optische Einstellungen rund um den Desktop, wie etwa die Symbole und die Themen, um den Desktop zu verändern. Themen für den kompletten Desktop und Symbole finden Sie unter *https://www.xfce-look.org/browse/*. Diese laden Sie einfach herunter. Die komprimierten Archive ziehen Sie unverändert in das Fenster mit den Themen-Einstellungen. Sie werden automatisch installiert. Anschließend markieren Sie das gewünschte Theme per Mausklick – schon wird das Theme umgestellt (siehe Abbildung 3.35).

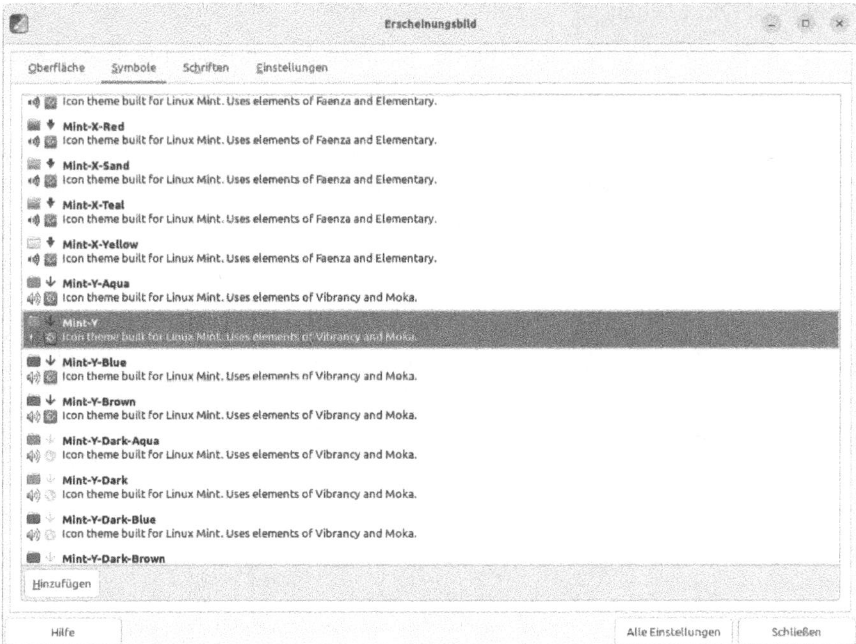

Abb. 3.35: Einstellungen zu den Themen unter XFCE

Neben den Themen und Symbolen passen Sie hier auch die Schriften und deren Größe an.

Wie unter Cinnamon und Mate lassen sich auch unter XFCE Applets in der Leiste unterbringen. Hierzu klicken Sie mit der rechten Maustaste auf eine freie Stelle in die Leiste und wählen LEISTE|ELEMENTE HINZUFÜGEN. Im sich öffnenden Fenster finden Sie eine Liste mit vorinstallierten Applets. Jedes Applet ist mit seiner Bezeichnung und einer kurzen Beschreibung aufgelistet. Markieren Sie ein Applet und klicken Sie auf den Schalter HINZUFÜGEN – es landet in der

Leiste. Um zu den Einstellungen eines Applets zu kommen, klicken Sie dieses mit der rechten Maustaste an und wählen Sie den Eintrag EIGENSCHAFTEN. Wenn Sie ein Applet verschieben möchten, gelingt dies über denselben Vorgang. Wählen Sie im Kontextmenü jedoch den Eintrag VERSCHIEBEN.

3.4.2 Thunar – der Dateimanager unter XFCE

Der Dateimanager unter XFCE nennt sich »Thunar«. Er sieht zwar etwas altmodisch aus (siehe Abbildung 3.36), hat aber eine sehr hilfreiche zusätzliche Funktion. Diese sehen wir uns gleich näher an.

Auch im Fenster von Thunar arbeiten Sie nicht anders als im Dateimanager von Windows. Sie nutzen das Kontextmenü, um Dateien zu erstellen, zu löschen oder umzubenennen. Sie ziehen Dateien und Verzeichnisse per Anklicken und Ziehen in andere Verzeichnisse. Anders als in Caja unter Mate müssen Sie jedoch ein weiteres Fenster von Thunar öffnen, um einen zusätzlichen Ordner anzeigen zu lassen.

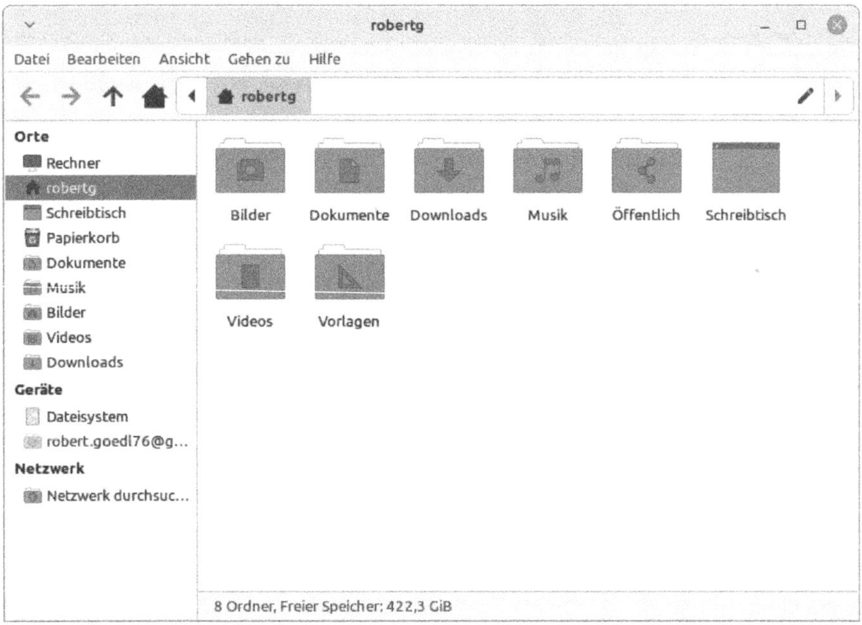

Abb. 3.36: Thunar – der Dateimanager unter XFCE

Wie schon erwähnt, hat Thunar eine sehr nützliche Funktion, die andere Dateimanager nicht haben. Sie können nämlich mehrere Dateien gleichzeitig umbenennen, basierend auf Mustern. Hierzu markieren Sie die umzubenennenden Dateien, indem Sie ein Rechteck über die Dateien ziehen oder mittels [Strg] plus linker Mausklick eine Datei nach der anderen wählen. Anschließend klicken Sie eine der markierten Dateien mit der rechten Maustaste an und wählen im Kontextmenü den Eintrag UMBENENNEN. Im sich öffnenden Fenster zeigen sich jetzt alle markierten Dateien. Darunter passen Sie anschließend die Einstellungen an (siehe Abbildung 3.37).

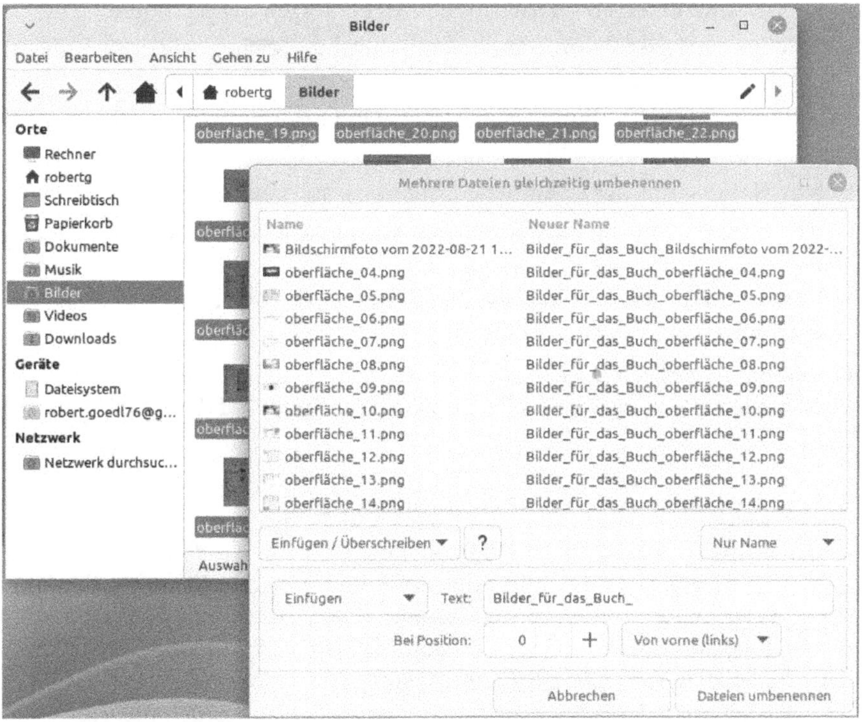

Abb. 3.37: Massenhaftes Umbenennen von Dateien unter Thunar

Über die erste Schaltfläche vor dem Fragezeichen (die Hilfe) wählen Sie aus, was mit dem ursprünglichen Dateinamen geschehen soll:

- **Audio-Schlagworte** – die Metadaten von MP3-Dateien oder OGG-Dateien werden genutzt und in den Dateinamen integriert.
- **Datum/Uhrzeit einfügen** – das Datum und die Uhrzeit der Erstellung der Dateien wird eingefügt. Dies ist besonders bei Bildern von Digitalkameras oder Smartphones hilfreich.

- **Einfügen/Überschreiben** – Sie geben im Textfeld an, was dem aktuellen Dateinamen angefügt werden soll, oder wodurch der aktuelle Dateiname ersetzt werden soll (siehe Abbildung 3.37).
- **Groß-/Kleinschreibung** – ändern Sie den bisherigen Dateinamen in Großbuchstaben oder Kleinbuchstaben. (Sie kehren damit die Großbuchstaben in Kleinbuchstaben um und umgekehrt.)
- **Nummerieren** – fügen Sie fortlaufende Ziffern in den Dateinamen ein.
- **Suchen und ersetzen** – ersetzen Sie Zeichenfolgen durch andere.
- **Zeichen entfernen** – entfernen Sie bestimmte Zeichen wie etwa Umlaute aus dem Dateinamen.

Rechts neben der Hilfe (dem Schalter mit dem Fragezeichen) legen Sie fest, wo etwas verändert werden soll:

- **Nur Name** – nur der eigentliche Dateiname soll verändert werden.
- **Nur Suffix** – nur die letzten Zeichen vor der Dateiendung werden verändert.
- **Name und Suffix** – Sie können den eigentlichen Dateinamen und die letzten Stellen vor der Dateiendung anpassen.

Probieren Sie einfach verschiedene Einstellungen aus. Sie sehen in der Live-Vorschau oben sofort, was geschehen würde, wenn Sie auf den Schalter DATEIEN UMBENENNEN klicken.

3.4.3 Virtuelle Arbeitsflächen unter XFCE

Wozu virtuelle Arbeitsflächen dienen, lesen Sie in Abschnitt 3.3.3. Auch unter XFCE gibt es diese nützliche Funktion. Mit der Tastenkombination [Strg]+[Alt]+[→] wechseln Sie immer eine virtuelle Arbeitsfläche nach rechts. Nach der vierten gelangen Sie automatisch wieder auf die erste virtuelle Arbeitsfläche. In die andere Richtung gelingt dies mittels [Strg]+[Alt]+[←].

Arbeiten Sie nicht so gerne mit Tastenkombinationen, sollten Sie das Applet »Arbeitsflächenumschalter« in die Leiste legen (siehe Abbildung 3.38).

Abb. 3.38: Arbeitsflächenumschalter unter XFCE

Kapitel 4

Das System Linux Mint

In diesem Kapitel lesen Sie mehr über das eigentliche System von Linux Mint. Sie erfahren, wo welche Daten liegen und Sie lesen mehr über den Benutzer und den Administrator und deren Rechte. Außerdem lernen Sie, mit dem Terminal umzugehen und Treiber für Drucker und Scanner zu installieren, die unter Linux Mint eventuell nicht vorhanden sind.

4.1 Die Verzeichnis-Hierarchie – wo ist was zu finden?

Linux ist, was die Verzeichnis-Hierarchie betrifft, anders aufgebaut als Windows.

> **Verzeichnis-Hierarchie oder Dateisystem?**
>
> In vielen Computerzeitschriften, aber auch auf vielen einschlägigen Webseiten, wird vom *Dateisystem* gesprochen, wenn es um den Aufbau der Systemverzeichnisse geht. Als »Dateisystem« wird jedoch das Format bezeichnet, mit dem man einen Datenträger formatiert, also etwa »ntfs« unter Windows oder »ext4« unter Linux. In diesem Buch wird der Begriff »Verzeichnis-Hierarchie« verwendet, wenn es um die Verzeichnisse (Ordner) geht.

Unter Windows scheint alles sehr einfach zu finden zu sein: Sie öffnen den Arbeitsplatz und alle Ordner, Partitionen und angeschlossenen oder eingelegten Datenträger sind darin zu sehen. Doch ganz so einfach ist auch Windows nicht aufgebaut. Windows versteckt Ordner im Dateimanager (Windows Explorer), um die wichtigen Ordner schneller auffindbar zu machen und den Benutzer nicht zu verwirren.

Linux Mint scheint aus dieser Sicht etwas umständlicher aufgebaut – dabei ist die Verzeichnis-Hierarchie hier sogar logischer. Unter Linux Mint hat alles seine vorgesehenen Ordner, in jedem einzelnen Ordner des Systems haben nur gewisse Dateien etwas zu suchen. So sind etwa ausführbare Dateien nur in dafür bestimmten Ordnern zu finden und Dateien zur Konfiguration des Systems wiederum nur in dafür vorgesehenen Ordnern.

Unter Linux Mint gibt es erst einmal das sogenannte *Wurzelverzeichnis*. In diesem Ordner ist das komplette System installiert. Alle weiteren Ordner des Systems liegen in diesem Ordner. Im Wurzelverzeichnis – von vielen auch fälschlicherweise als »root« bezeichnet – finden Sie auch Ihr Home-Verzeichnis. Hier liegen Ihre persönlichen Dateien – dazu gleich mehr – sowie eingelegte und angeschlossene Datenträger. In Abbildung 4.1 sehen Sie das Wurzelverzeichnis von Linux Mint.

Abb. 4.1: Das Wurzelverzeichnis (Systemverzeichnis) von Linux Mint

Die folgende Liste zeigt den Inhalt der Verzeichnisse im Wurzelverzeichnis:

- **`bin`:** Beinhaltet wichtige ausführbare Dateien, die über Befehle (also vor allem am Terminal) genutzt werden. Die in diesem Verzeichnis liegenden Dateien können von jedem Benutzer ausgeführt werden.
- **`boot`:** Hier liegen die Installation des Bootloaders und dessen Konfiguration sowie die installierten Linux-Kernel.

- `dev`: Hierbei handelt es sich um ein sogenanntes *virtuelles Dateisystem*. Das bedeutet, die darin enthaltenen Dateien sind nur im Arbeitsspeicher vorhanden. Diese Dateien ermöglichen dem System Zugriff auf die eingebaute und angeschlossene Hardware.
- `etc`: Eines der wichtigsten Systemverzeichnisse. Hier liegt die komplette Konfiguration des Systems und auch die Grundkonfiguration einiger wichtiger System-Anwendungen. Installieren Sie beispielsweise einen Webserver oder eine Datenbank, werden deren Konfigurationsdateien hier abgelegt. Von gewissen Anwendungen, wie zum Beispiel dem Terminal, findet sich in diesem Verzeichnis eine Grundkonfiguration. Sie als Benutzer können von solchen Anwendungen in Ihrem Home-Verzeichnis eine eigene Konfiguration anlegen, die daraufhin genutzt wird. Im Beispiel des Terminals liegt unter `etc` die Grundkonfiguration in der Datei `bashrc`. Sie können ohne administrative Rechte nicht an dieser Datei arbeiten. Damit Sie trotzdem Ihr Terminal anpassen können, liegt in Ihrem Home-Verzeichnis eine weitere Datei namens `.bashrc`. Diese hat den gleichen Inhalt wie die Datei unter `etc`. Bearbeiten Sie die Datei in Ihrem Home-Verzeichnis, wird diese von Ihnen modifizierte Datei genutzt.
- `home`: Das ist das Verzeichnis, in dem Sie die meiste Zeit arbeiten werden. In den Unterverzeichnissen liegen die privaten Daten der einzelnen Benutzer des Systems und die Einstellungen ihrer Anwendungen. Die meisten Einstellungen in diesem Verzeichnis sind versteckt, das heißt, Sie können sie nur sehen, wenn Sie die Anzeige von versteckten Dateien über das Fenstermenü über VERBORGENE DATEIEN ANZEIGEN aktivieren (Dateimanager).
- `lib`, `lib32` und `lib64`: In diesem Verzeichnis liegen die Firmware-Dateien, das heißt, Dateien, die zur Steuerung der Hardware benötigt werden. Weiterhin finden Sie hier unter anderem Codecs für Multimedia-Formate.
- `lost+found`: Im besten Fall ist dieses Verzeichnis leer. Es ist nur dem Administrator zugänglich und enthält Dateien, die beispielsweise bei einem Systemabsturz vom System wiederhergestellt wurden.
- `media`: Schließen Sie externe Medien an, wie zum Beispiel externe Festplatten oder USB-Sticks, finden Sie deren Inhalt hier in den passenden Unterverzeichnissen. Dazu gehören auch CDs und DVDs.
- `mnt`: Hier liegt in entsprechenden Unterverzeichnissen der Inhalt weiterer Partitionen, die nicht zum eigentlichen System gehören, also etwa die Partitionen anderer installierter Linux-Distributionen oder auch die einer möglicherweise vorhandenen Windows-Installation. Auch Netzwerk-Verzeichnisse sind hier zu finden.

- **opt**: Der Speicherort für zusätzliche, nicht aus den Repositorien stammende Software.
- **proc**, **run** und **sys**: Hierbei handelt es sich wieder um virtuelle Dateisysteme. Die darin liegenden Dateien bieten Zugriff auf aktuelle Systeminformationen. Hauptsächlich werden sie vom System genutzt.
- **root**: Haben Sie für den Administrator während der Installation ein eigenes Passwort angelegt, werden hier für dessen Konto die Einstellungen gespeichert. Nur der Administrator, also der Benutzer »root«, hat darauf Zugriff.
- **sbin**: Wie unter `bin` liegen auch hier ausführbare Dateien. Diese sind jedoch nur mit administrativen Rechten verwendbar.
- **snap**: Hier liegen über Snap installierte Anwendungen (siehe Abschnitt 5.2.5). Dieses Verzeichnis ist unter Linux Mint nicht automatisch vorhanden.
- **tmp**: In diesem Verzeichnis befinden sich die temporären Dateien, also solche, die vom System während der aktuellen Laufzeit genutzt und bei einem Neustart gelöscht werden.
- **usr**: Das Verzeichnis der zusätzlich installierten Anwendungen oder auch Desktop-Umgebungen. Grundsätzlich landet hier jegliche Software, die nicht direkt zum Funktionieren des Systems benötigt wird.
- **var**: Hauptsächlich liegen hier veränderliche Dateien, die jedoch nicht wie in einem virtuellen Dateisystem bei jedem Neustart gelöscht und neu angelegt werden sollen. Die Dateien in diesem Verzeichnis bleiben auch bei einem Neustart erhalten. Installieren Sie zum Beispiel einen Webserver, werden die Dateien der Webseiten hier in entsprechenden Unterverzeichnissen gespeichert.
- **Weitere**: Es gibt noch weitere Verzeichnisse. Diese haben jedoch momentan keine Aufgabe und sind für zukünftige Funktionen vorgesehen. Dies bedeutet, die Linux-Entwickler haben mit diesen Verzeichnissen etwas vor, beispielsweise in späteren Linux-Kernel-Versionen neue Funktionen oder Informationen darin bereitzustellen.

4.1.1 Das Home-Verzeichnis

Das Home-Verzeichnis ist der von Ihnen am meisten genutzte Ordner. Hier liegen Ihre persönlichen Dateien, also Dokumente, Bilder, Videos und Musik-Dateien. Jeder Benutzer von Linux Mint hat ein eigenes Home-Verzeichnis.

Diese Verzeichnisse liegen im Wurzelverzeichnis unter »home«. In Abbildung 4.2 finden Sie ein typisches Home-Verzeichnis.

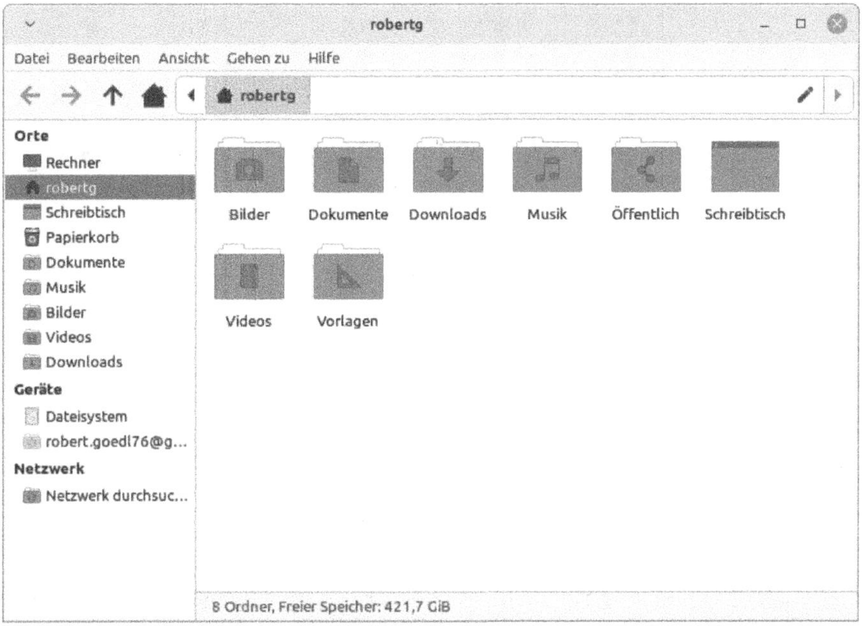

Abb. 4.2: Das Home-Verzeichnis unter Linux Mint

Ordner wie etwa Bilder, Dokumente und Musik sind unter Linux Mint bereits vorhanden. Am besten legen Sie die passenden Dateien in die dafür vorgesehenen Ordner. So werden diese von entsprechenden Anwendungen automatisch gefunden.

Über den Eintrag Dateisystem links in der Liste greifen Sie auf das Wurzelverzeichnis, also auf die Systemverzeichnisse, zu.

In Ihrem Home-Verzeichnis liegen nicht nur Ihre persönlichen Dateien, hier sind auch die Einstellungen der von Ihnen genutzten Anwendungen zu finden. Diese Einstellungsdateien sind normalerweise versteckt. Das sorgt für Übersicht, und sie lassen sich auch nicht unabsichtlich löschen.

Um versteckte Dateien und Verzeichnisse sichtbar zu machen, nutzen Sie im Dateimanager das Fenstermenü mit dem Eintrag Ansicht|Verborgene Dateien anzeigen – siehe Abbildung 4.3.

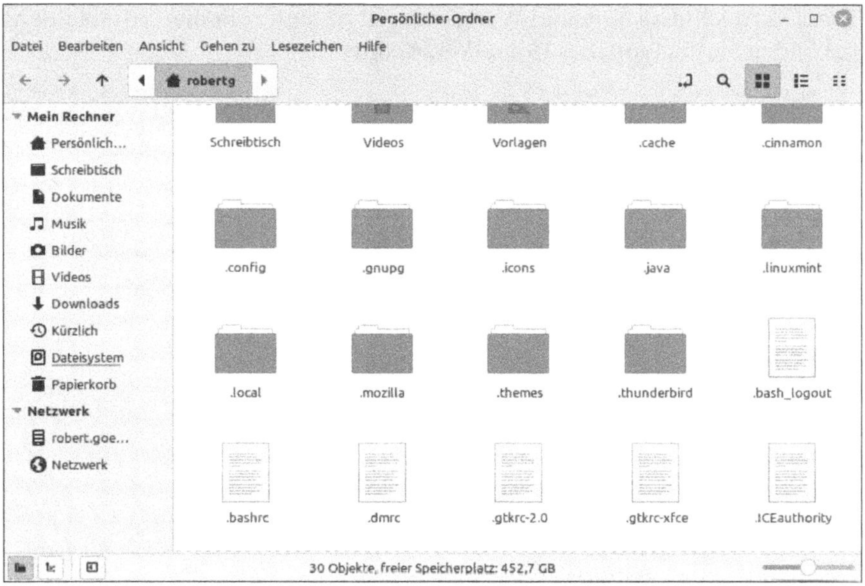

Abb. 4.3: Versteckte Dateien im Home-Verzeichnis unter Linux Mint

Aktivieren Sie die Anzeige der versteckten Dateien, sehen Sie plötzlich deutlich mehr Dateien und Verzeichnisse. Dies kann verwirrend sein – schnell ist eine solche Datei oder ein solches Verzeichnis durch einen falschen Klick im Papierkorb verschwunden.

Versteckte Dateien beginnen mit einem Punkt im Datei- oder Ordnernamen, also etwa `.config`. Speziell die Ordner `.config` und `.local` sind für die Einstellungen Ihrer genutzten Anwendungen zuständig. Möchten Sie die Einstellungen einer Anwendung komplett zurücksetzen, schließen Sie die Anwendung und durchsuchen Sie diese beiden Ordner. In einem der beiden finden sich meist Verzeichnisse oder zumindest eine einzelne Datei mit dem Namen der jeweiligen Anwendung. Löschen Sie diese, werden auch die Einstellungen gelöscht.

4.1.2 Rechte an Ihren Daten – Gruppen

Arbeiten mehrere Benutzer mit Ihrem Linux Mint, haben diese gewisse Rechte, Ihre Daten anzusehen. Sie brauchen im Dateimanager nur auf den Eintrag DATEISYSTEM in der Liste links zu klicken und den Ordner `Rechner` zu öffnen, darin wieder den Ordner `home`. Hier finden sich wie im Abschnitt 4.1.1 beschrieben die Home-Verzeichnisse der weiteren erstellten Benutzer. Jeder Benutzer hat hier einen Ordner mit seinem Anmelde-Namen als Bezeichnung.

Standardmäßig kann jeder andere Benutzer viele Ihrer Ordner einsehen und die Dateien darin öffnen, jedoch nicht bearbeiten oder löschen. Sie können diese Rechte für jeden Ordner und für jede Datei einzeln anpassen. Hierzu klicken Sie die Datei oder das Verzeichnis rechts an und öffnen den Eintrag EIGENSCHAFTEN (siehe Abbildung 4.4).

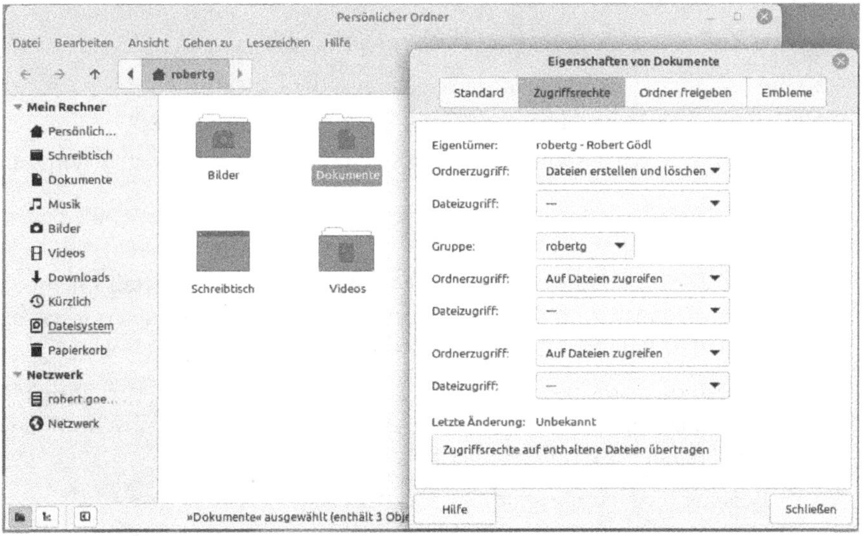

Abb. 4.4: Rechte an Dateien und Ordnern anpassen

Klicken Sie auf den Reiter »Zugriffsrechte«. Hier sehen Sie ganz oben den **Besitzer** des Ordners oder der Datei. Als Besitzer gelten Sie, wenn Sie die Datei oder den Ordner erstellt, aus dem Internet heruntergeladen oder von einem anderen Datenträger kopiert haben.

Als zweite Information sehen Sie hier die **Gruppe**. Gruppen dienen dazu, Rechte an Dateien und Ordnern einfacher zu regeln. So könnten Sie etwa die Gruppe »audio« erstellen und dieser Gruppe dann das Recht erteilen, auf den Ordner »Musik« zuzugreifen.

Die dritte Information – bezeichnet als **Andere** – regelt die Rechte für alle oben nicht Genannten.

Mit den jeweiligen Schaltern passen Sie die Rechte an den Dateien und Ordnern an. Folgende Rechte sind für Ordner vorhanden:

- **Keine** – niemand anderes als Sie selbst darf in den Ordner einsehen.
- **Dateien nur auflisten** – die im Ordner liegenden Dateien und Ordner können zwar als Symbol gesehen, aber nicht geöffnet werden.
- **Auf Dateien zugreifen** – Dateien und Ordner lassen sich öffnen, aber nicht verändern.
- **Dateien erstellen und löschen** – Dateien und Ordner lassen sich öffnen und bearbeiten. Es können auch neue Dateien und Ordner angelegt und bestehende gelöscht werden.

Folgende Rechte sind für einzelne Dateien vorhanden:

- **Keine** – niemand anderes als Sie selbst kann die Datei öffnen.
- **Nur lesen** – die Datei lässt sich öffnen, aber nicht bearbeiten.
- **Lesen und schreiben** – die Datei lässt sich öffnen und auch bearbeiten und löschen.

Gruppen erstellen

Wie Sie in diesem Kapitel bereits gelesen haben, lassen sich mittels Gruppen die Rechte an Dateien und Ordnern schneller vergeben. Ansonsten müssten Sie dies für jeden Benutzer des Systems einzeln machen.

Um Gruppen zu erstellen, zu löschen oder um Benutzer zu vorhandenen Gruppen hinzuzufügen, müssen Sie als Administrator (siehe Abschnitt 4.2) am Terminal (siehe Abschnitt 4.3) arbeiten.

Um als Beispiel die Gruppe »audio« zu erstellen:

```
sudo addgroup audio
```

`addgroup` dient hier als Befehl, eine Gruppe zu erstellen. Anschließend geben Sie den Namen der Gruppe an, und zwar kleingeschrieben.

Nachdem Sie eine Gruppe angelegt haben, können Sie Benutzer dieser Gruppe hinzufügen. Für jeden Benutzer muss diese Aufgabe einzeln erledigt werden. Im Beispiel gilt es, den Benutzer »user« der Gruppe »audio« hinzuzufügen:

```
sudo usermod -aG audio user
```

Hier dient `usermod` dazu, einen Benutzer einer Gruppe hinzuzufügen. Die Option `-aG` sorgt dafür, dass er nicht aus seinen vorhandenen Gruppen entfernt wird. Es folgen die Gruppe und anschließend der Benutzername.

4.2 sudo – der Administrator unter Linux Mint

Starten Sie keine grafischen Anwendungen mit administrativen Rechten, wenn dies nicht nötig ist. Wenn Sie administrative Rechte benötigen, werden Sie automatisch nach dem Passwort gefragt. Dasselbe gilt auf dem Terminal. Nutzen Sie den sudo-Befehl nur, wenn dies absolut notwendig ist.

Unter Linux Mint ist der bei der Installation des Systems erstellte Benutzer zugleich auch der Administrator – auch *root* genannt. Ein eigenes Konto für den Administrator anzulegen, dient der Sicherheit nicht. Es ist sogar umständlicher, denn Sie können ohnehin nur mit Ihrem Passwort administrative Tätigkeiten durchführen. Während Sie sich unter Windows bereits als Administrator anmelden können und für administrative Aufgaben das Administrator-Passwort nicht mehr anzugeben brauchen, müssen Sie unter Linux Mint das Passwort immer angeben – ein extra Konto ist also unnötig.

Starten Sie grafische Anwendungen für administrative Aufgaben aus dem Anwendungsmenü, werden Sie automatisch nach dem Administrator-Passwort gefragt. Dies kann je nach Anwendung gleich beim Start des Programms geschehen oder erst beim Speichern oder Übernehmen der Änderungen.

Auf dem Terminal (siehe Abschnitt 4.3) müssen Sie, um administrative Befehle auszuführen, den Befehl gleich als Administrator starten. Dies gelingt, indem Sie dem eigentlichen Befehl den Befehl sudo voransetzen. Ein Beispiel für das Aktualisieren des Systems auf dem Terminal:

```
sudo apt-get update
[sudo] Passwort für benutzer:
sudo apt-get upgrade
```

Nach der ersten Befehlszeile wird Sie das System nach dem Passwort fragen – Sie geben das Passwort ein. Linux Mint wird sich Ihr Passwort für fünf Minuten merken, außer, Sie starten das Terminal inzwischen neu. Anschließend müssen Sie das Passwort erneut eingeben.

Den Befehl sudo bei vielen administrativen Befehlen dem eigentlichen Befehl voranzusetzen, ist auf Dauer etwas umständlich. Nutzen Sie die Option -i, um dies nicht jedes Mal tun zu müssen. Ein Beispiel:

```
sudo -i apt-get update
[sudo] Passwort für benutzer:
apt-get upgrade
apt-get clean
```

Nach einem `sudo -i` können Sie den Befehl `sudo` vor administrativen Befehlen weglassen. Alle folgenden Befehle werden automatisch mit administrativen Rechten ausgeführt. Dies ist natürlich etwas gefährlich, denn schnell startet man unabsichtlich einen Befehl, den man eigentlich nicht als Administrator ausführen wollte. Sobald Sie alle administrativen Befehle gestartet haben, sollten Sie sich deshalb mit dem Befehl `exit` wieder als Administrator vom Terminal abmelden.

Wie schon erwähnt, kann nur der erste bei der Installation von Linux Mint erstellte Benutzer mit seinem Passwort auch administrative Befehle starten, also etwa das System aktualisieren und neue Anwendungen installieren. Möchten Sie weiteren Benutzern administrative Rechte geben, fügen Sie diese Benutzer der Gruppe »sudo« hinzu (siehe Abschnitt 4.1.2).

Um etwa den Benutzer »benutzer« zur Gruppe »sudo« hinzuzufügen, verwenden Sie den Befehl:

```
sudo usermod -aG sudo benutzer
```

4.3 Das Terminal – die Kommandozeile

Linux Mint wurde und wird entwickelt, um es vor allem Linux-Einsteigern einfach zu machen, Linux zu installieren und zu nutzen und ohne Terminal auszukommen. Hin und wieder ist aber auch unter Linux Mint das Terminal unumgänglich, etwa beim Erstellen von Gruppen (siehe Abschnitt 4.1.2). Auch wenn das System gröbere Probleme macht, ist das Terminal hilfreich.

Das Terminal hat überhaupt viele Vorteile, denn so manches lässt sich damit schneller erledigen als mit Klicks auf der grafischen Oberfläche. Nehmen wir ein praktisches Beispiel: Sie möchten alle Bilder mit der Dateiendung `.jpg` aus dem Ordner `Bilder/Katze` in den Ordner `Bilder/Katze_neu` verschieben. Alle PNG-Bilder sollen jedoch im alten Verzeichnis bleiben. Sie öffnen den grafischen Dateimanager, öffnen darin dann den Ordner `Bilder` und dann noch den darin liegenden Ordner `Katze`. Jetzt geben Sie in die Suche ».jpg« ein und markieren alle gefundenen Dateien, öffnen ein weiteres Fenster des

Dateimanagers mit dem Ordner, in dem die Dateien landen sollen, und ziehen die Dateien in diesen. Ziemlich umständlich.

Einfacher geht es mit diesem kurzen Befehl:

```
mv /Bilder/Katze/*.jpg /Bilder/Katze_neu/
```

Mehr zum Terminal finden sich in den folgenden Abschnitten.

4.3.1 Der Aufbau des Terminals und Grundlagen

Das Terminal ist optisch sehr einfach aufgebaut. Sie sehen links oben den Eingabeprompt. Dieser besteht aus Ihrem Benutzernamen und dem Rechnernamen, getrennt von einem »@« (siehe Abbildung 4.5).

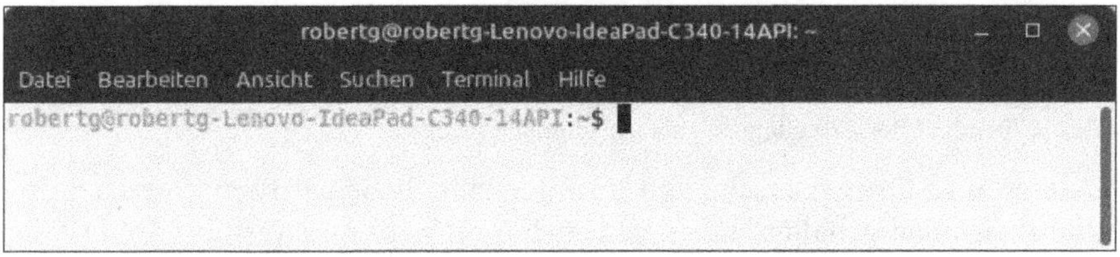

Abb. 4.5: Das Terminal von Linux Mint (hier wird ein helles Thema verwendet, standardmäßig ist das Terminal dunkel)

Nach dem Rechnernamen folgt das Verzeichnis, in dem Sie sich auf dem Terminal gerade befinden. :~$ zeigt Ihnen, dass Sie in Ihrem Home-Verzeichnis sind. In Ihrem Home-Verzeichnis befinden Sie sich automatisch, wenn Sie das Terminal starten.

Am Eingabeprompt sehen Sie einen blinkenden Cursor – hier erwartet das Terminal Ihre Eingaben. Um einen Befehl zu starten, geben Sie diesen ein und drücken die [↵]-Taste.

Wichtig bei der Arbeit auf dem Terminal: Das Terminal unterscheidet zwischen Groß- und Kleinbuchstaben. Der Befehl `nemo` und der Befehl `Nemo` könnte zwei komplett verschiedene Aufgaben ausführen.

Geben Sie Befehle ein oder auch Datei- und Ordner-Namen, müssen Sie nicht die komplette Bezeichnung eintippen. Schreiben Sie nur die ersten Zeichen und drücken Sie dann die [⇆]-Taste. Gibt es keinen weiteren Befehl, keinen weiteren Ordner oder keine weitere Datei, die mit denselben Zeichen beginnen, wird das Terminal den Befehl oder die Namen automatisch vervollständigen. Ist dies nicht der Fall, drücken Sie die [⇆]-Taste noch einmal, und das Terminal zeigt weitere Befehle, Dateien und Ordner an, die mit denselben

Zeichen beginnen. Geben Sie einfach weitere Zeichen ein, bis keine andere Option mehr zutrifft.

4.3.2 Ordner-Inhalte anzeigen und in der Verzeichnis-Hierarchie navigieren

Eine der am häufigsten genutzten Funktionen des Terminals ist die Anzeige des Inhalts eines Ordners. Hierzu nutzen Sie den Befehl `ls` (siehe Abbildung 4.6).

Abb. 4.6: Inhalt des aktuellen Ordners am Terminal anzeigen

Dateien und Ordner erscheinen in unterschiedlichen Farben: Verzeichnisse sind meist blau gehalten, normale Dateien schwarz und ausführbare Dateien wie Anwendungen oder Skripte rosa. Nachdem ein Befehl ausgeführt wurde, erscheint sofort der Eingabeprompt wieder, und Sie können neue Befehle starten.

Um in einen Ordner zu wechseln, nutzen Sie den Befehl `cd`. Geben Sie den Namen des Ordners an und schließen Sie diesen mit einem Slash »/« ab. Um etwa in den Ordner `Dokumente` zu wechseln:

```
cd Dokumente/
```

Beim Wechseln in Ordner können Sie auch mehrere Unter-Ordner überspringen – etwa:

```
cd Dokumente/Büro/PDF/
```

Bei Ordnern mit einem Leerzeichen, etwa `Bilder der Katze`, geben Sie das Leerzeichen durch einen Backslash »\« an. Als Beispiel:

```
cd Bilder\ der\ Katze/
```

Um direkt in das Wurzelverzeichnis zu wechseln, geben Sie einfach den Slash an:

```
cd /
```

Auch hier ist es möglich, entsprechende Unterverzeichnisse anzugeben – etwa:

```
cd /etc/apt/sources.list.d/
```

Um schnell zurück in Ihr Home-Verzeichnis zu wechseln, genügt der Befehl:

```
cd
```

4.3.3 Welche Befehle für welche Aufgaben? – Hilfe am Terminal und Optionen

Gerade als Einsteiger hat man es am Terminal schwer. Welcher Befehl soll für welche Aufgabe genutzt werden? Doch das Terminal bietet Ihnen Hilfe. Als Erstes müssen Sie natürlich wissen, was Sie eigentlich machen wollen.

Installieren von deutschen Terminal-Hilfen

Sie sollten für umfassende deutschsprachige Hilfen am Terminal das Debian-Paket »manpages-de« installieren. Dies machen Sie mit folgenden Befehlen:

```
sudo apt-get update
sudp apt-get install manpages-de
```

Sie wollen zum Beispiel eine Datei in ein anderes Verzeichnis kopieren. Nutzen Sie den Befehl `apropos`, um nach entsprechenden Befehlen zu suchen. Im Beispiel:

```
apropos kopieren
```

Als Ausgabe erhalten Sie alle Befehle, die mit dem genannten Begriff zu tun haben, inklusive einer kurzen Beschreibung (Abbildung 4.7).

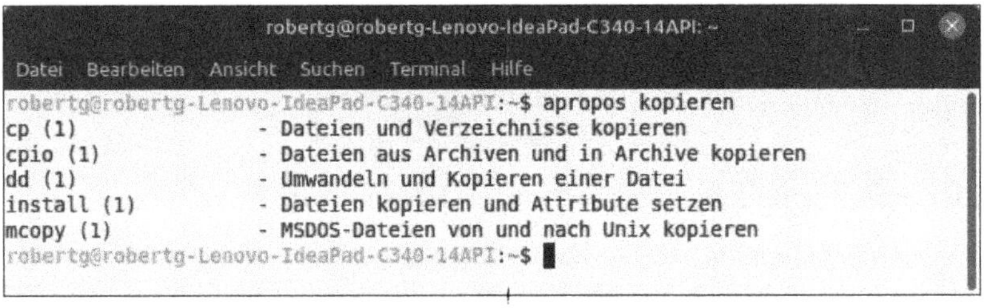

Abb. 4.7: Durch »apropos« gefundene Befehle

Nachdem Sie passende Befehle gefunden haben, können Sie sich deren Manpages ansehen. Dabei handelt es sich um Hilfeseiten für Befehle am Terminal. Hierzu nutzen Sie den Befehl `man` inklusive des gesuchten Befehls – etwa für den Befehl `cp`:

```
man cp
```

In der Ausgabe erhalten Sie die Handbuchseite zum angegebenen Befehl (Abbildung 4.8).

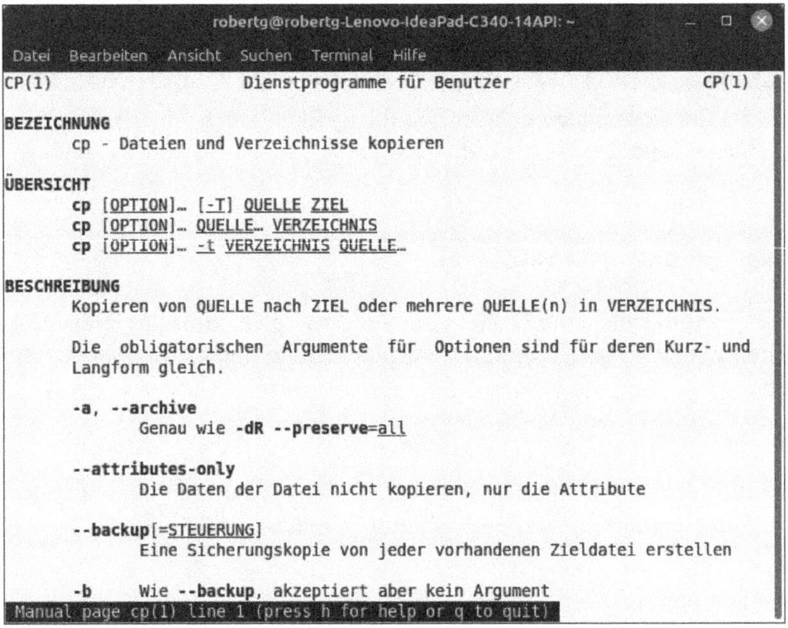

Abb. 4.8: Manpages – Hilfen zu Befehlen am Terminal

Als Erstes sehen Sie eine kurze Beschreibung. Es folgen die Syntax des Befehls und eine ausführliche Beschreibung der Optionen.

Sie scrollen durch die Hilfe am einfachsten mit den Pfeiltasten (auf und ab) und beenden die Hilfe mit der Taste [q].

Optionen

Viele Befehle lassen sich mit Optionen nutzen. Solche Optionen dienen dazu, Befehle zu verfeinern. In den oben beschriebenen Manpages finden Sie die zu jedem Befehl passenden. Optionen werden meist nach einem Bindestrich »-« genutzt. Ein Beispiel mit dem Befehl `ls`: Ohne Optionen zeigt dieser Dateien und Verzeichnisse im aktuellen Ordner, mit der Option `-a` auch verborgene Dateien und Ordner (siehe Abbildung 4.9).

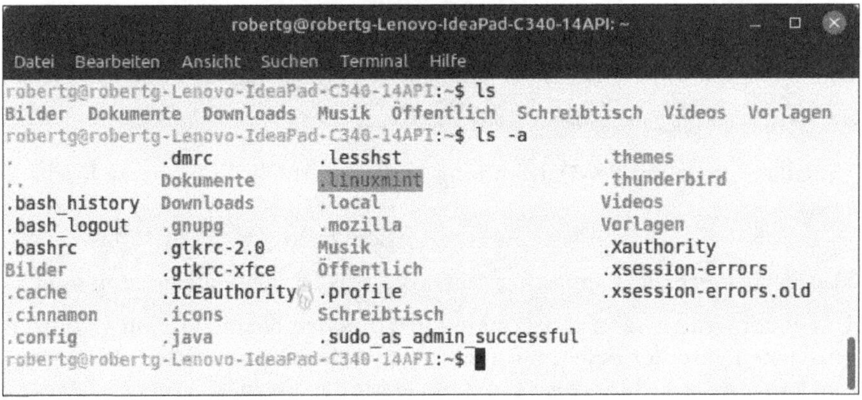

Abb. 4.9: Befehle mit Optionen

4.3.4 Arbeiten mit Dateien und Ordnern am Terminal

Auch das Arbeiten mit Dateien am Terminal geht schnell und einfach. Wichtig ist dabei, dass Sie vor allem beim Löschen von Dateien darauf achten, was Sie wirklich löschen wollen. Dateien und Ordner werden beim Löschen übers Terminal nämlich nicht in den Papierkorb verschoben, sondern direkt gelöscht.

Arbeiten mit Systemdateien

Beim Arbeiten mit Dateien außerhalb Ihres Home-Verzeichnisses müssen Sie dem jeweiligen Befehl natürlich ein sudo voransetzen – nur in Ihrem Home-Verzeichnis haben Sie alle Rechte.

Dateien und Ordner löschen

Um eine einzelne Datei zu löschen, nutzen Sie den Befehl `rm`. Zusätzlich geben Sie am Ende den Dateinamen inklusive Dateiendung an. Um etwa die Datei `dateiname.jpg` zu löschen:

```
rm dateiname.jpg
```

Auch mehrere Dateien lassen sich auf einen Schlag löschen. Geben Sie diese durch ein Leerzeichen getrennt an, etwa:

```
rm dateiname.jpg dateiname_2.png dateiname.txt
```

Um alle Dateien mit der Dateiendung `.jpg` im aktuellen Ordner zu löschen:

```
rm *.jpg
```

Das Sternchen ersetzt, einfach gesagt, alles, was vor der Dateiendung steht.

Um einen Ordner samt Inhalt zu löschen, müssen Sie die Option `-R` nutzen. Ansonsten wird der Befehl nur melden, dass der Ordner nicht gelöscht werden kann, da er nicht leer ist. Ein Beispiel für den Ordner `Bilder`:

```
rm -R Bilder/
```

Dateien und Ordner erstellen, verschieben und umbenennen

Mit dem Befehl `mkdir` lassen sich am Terminal Ordner erstellen. Geben Sie einfach den Namen des zu erstellenden Ordners an, etwa:

```
mkdir Bilder
```

Da der Befehl nur zum Erstellen von Ordnern dient, brauchen Sie keinen Slash anzugeben. Auch lassen sich ganze Verzeichnis-Hierarchien erstellen, also Ordner mit Unter-Ordnern. Hierzu nutzen Sie die Option `-p`. Ein Beispiel:

```
mkdir -p Bilder/Katzen/Langhaarkatzen/
```

Mit dem Befehl mv lassen sich Dateien und Ordner verschieben und umbenennen. Um einen Ordner oder eine Datei umzubenennen, geben Sie zuerst den originalen Dateinamen an, anschließend den neuen. Als Beispiel:

```
mv Alter_Name.jpg Neuer_Name.jpg
```

Dasselbe bei einem Ordner:

```
mv Alter_Ordnername/ Neuer_Ordnername
```

Bei der neuen Bezeichnung von Ordnern lassen Sie den Slash weg, ansonsten wird dieser Teil der neuen Bezeichnung.

Um Dateien und Ordner zu verschieben, geben Sie zu Beginn den Namen der Datei oder des Ordners an, anschließend den Ordner, in den er oder sie verschoben werden soll. Bei Ordnern müssen Sie zusätzlich die Option -R nutzen. Beispiele:

```
mv Dateiname.jpg Bilder/Katzen/
mv -R Verzeichnis/ Dokumente/Büro/
```

Auf dieselbe Art wie mv arbeitet auch der Befehl cp. Mit diesem lassen sich Ordner und Dateien an andere Stellen kopieren. Dies gelingt jedoch nicht, indem Sie zuerst kopieren und anschließend an anderer Stelle einfügen, sondern Sie geben gleich den gewünschten neuen Bestimmungsort an. Bei Ordnern fügen Sie wie beim Befehl mv die Option -R hinzu, um auch den Inhalt eines Ordners zu kopieren. Beispiele:

```
cp Dateiname.pdf Dokumente/Büro/PDF/
cp -R Verzeichnis/ Bilder/Katzen/Langhaarkatzen/
```

Textdateien am Terminal bearbeiten

Textdateien bearbeiten Sie am Terminal am einfachsten mit dem bereits vorinstallierten Texteditor »nano«. Eine bereits bestehende Textdatei öffnen Sie einfach über ihren Namen. Liegt diese im Ordner, in dem Sie sich am Terminal aktuell befinden, brauchen Sie den Pfad dazu nicht anzugeben. Etwa:

```
nano .bashrc
```

Befinden Sie sich am Terminal nicht im selben Ordner, geben Sie den Pfad zur Datei an. Ein Beispiel:

```
nano /etc/fstab
```

Besteht die angegebene Textdatei noch nicht, wird diese beim Speichern mit dem Editor automatisch angelegt. Die Datei öffnet sich im Editor. In diesem arbeiten Sie wie in jedem anderen grafischen Texteditor auch. Die Maus können Sie jedoch nicht nutzen (siehe Abbildung 4.10).

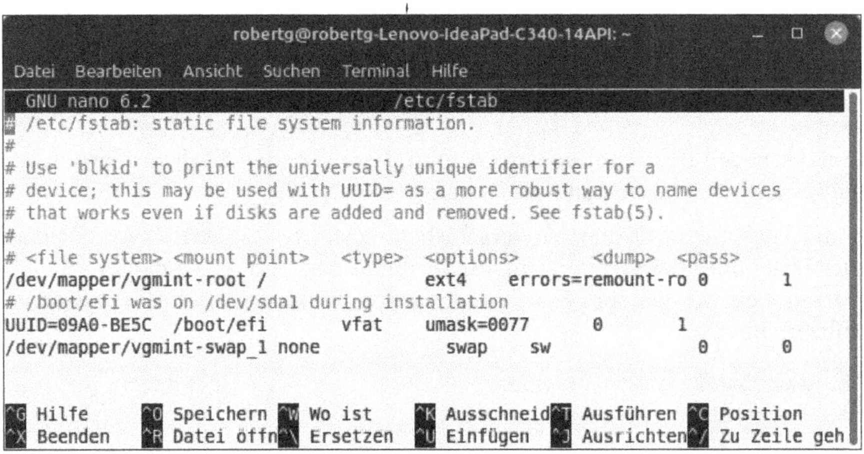

Abb. 4.10: Terminal-Texteditor nano

Sie nutzen die Pfeiltasten, um den Cursor an die gewünschte Position zu setzen. Im Editor finden Sie unten ein Menü mit Funktionen. Die Funktionen des Menüs werden durch Tastenkombinationen ausgeführt. Vor jeder Funktion finden Sie eine Taste und das Zeichen »^«. Dieses Zeichen steht für die [Strg]-Taste. Um zu speichern, nutzen Sie also die Tastenkombination [Strg]+[O]. Der Editor fragt noch einmal nach – Sie bestätigen mit [↵]. Mit [Strg]+[X] wird der Editor geschlossen.

4.3.5 Kopieren und Einfügen am Terminal

Kopieren und Einfügen funktioniert am Terminal nicht mittels der gewohnten Tastenkombinationen [Strg]+[C] und [Strg]+[V]. Um vom Terminal zu kopieren, markieren Sie erst die Zeile oder die Zeilen, klicken anschließend rechts – egal wo – in das Terminal und wählen im Kontextmenü den Eintrag KOPIEREN.

Das Einfügen am Terminal funktioniert ebenso einfach. Sie nutzen das Kontextmenü per Rechtsklick irgendwo im Terminal – eingefügt wird automatisch am Eingabeprompt – und verwenden den Eintrag EINFÜGEN.

4.4 Drucker- und Scannertreiber

In Abschnitt 5.3 lesen Sie, wie Sie wichtige Treiber für die Grafikkarte und das WLAN sowie andere Hardware per Mausklick installieren. Viele Drucker und Scanner funktionieren unter Linux Mint bereits ohne die Installation weiterer Treiber. Ausnahmen gibt es jedoch leider immer.

Funktioniert der Drucker nicht automatisch, gehen Sie auf der Webseite des Herstellers der Hardware auf die Suche. Meist hilft eine Internetsuche mit den Begriffen »hardware-hersteller modell driver«.

Bei den heruntergeladenen Dateien handelt es sich größtenteils um komprimierte Archive. In diesem Format sind die Treiber nicht einfach per Mausklick zu installieren. Sie entpacken zunächst das komprimierte Archiv per Rechtsklick und wechseln dann in den entpackten Ordner.

Die entpackten Ordner enthalten meist mehrere Dateien. Sie suchen nach Dateien mit der Bezeichnung »install.run« oder »install.sh«. Per Rechtsklick auf die Datei öffnen Sie das Kontextmenü und nutzen den Eintrag EIGENSCHAFTEN. Wechseln Sie auf den Reiter ZUGRIFFSRECHTE und kontrollieren Sie, ob hier die Checkbox »Datei als Programm ausführen« aktiv ist. Ist dies nicht der Fall, aktivieren Sie die Funktion.

Sie öffnen anschließend das Terminal per Rechtsklick an einer freien Stelle im Dateimanager und führen die Datei mit administrativen Rechten aus. Etwa:

```
sudo ./install.run
sudo ./install.sh
```

Je nach Hersteller wird der Treiber anschließend entweder automatisch installiert oder Sie müssen noch ein paar Angaben machen. Der Assistent leitet Sie durch die Installation. Lesen Sie sich die Optionen durch. Meist geben Sie Angaben durch entsprechende vorgegebene Zifferntasten ein. Nach der Installation der Treiber ist der Drucker in den Einstellungen der jeweiligen Desktop-Umgebung unter dem Eintrag »Drucker« verfügbar.

Kapitel 5

Software unter Linux Mint verwalten

Linux Mint basiert auf Ubuntu, das wiederum auf Debian basiert. Von Debian bezieht Linux Mint auch das grundlegende System. Aus diesem Grund können Sie unter Linux Mint alle für Debian verfügbare Software nutzen. Zusätzlich erstellen die Entwickler von Linux Mint auch eigene Software-Pakete.

Linux-Software hat aber viele Abhängigkeiten – um eine Anwendung zu installieren, sind oft viele weitere Software-Pakete nötig. So wie etwa eine Anwendung Java als Bibliothek benötigt, können andere Anwendungen viele andere Bibliotheken voraussetzen. Dies macht es schwierig, Anwendungen innerhalb eines Linux-Mint-Releases zu aktualisieren. Die Anwendung und ihre Abhängigkeiten müssen zusammenpassen, ansonsten funktioniert die Anwendung nicht oder nur fehlerhaft.

Red Hat, eine weitere Linux-Distribution, hat mit Flatpak ein eigenes Paket-Format entwickelt. Es bietet die Möglichkeit, unter allen Distributionen verwendet zu werden. Dazu gibt es noch das alte DEB-Format, AppImages und einiges mehr – also sehr viel Software für Linux Mint. In diesem Kapitel lesen Sie, wie Sie solche Software installieren.

Linux Mint basiert zwar auf Ubuntu, aktiviert jedoch das Ubuntu-eigene Paket-Format »Snap« nicht automatisch. Stattdessen wird Flatpak genutzt. Snap lässt sich aber auch unter Linux Mint aktivieren und verwenden (siehe Abschnitt 5.2.5).

5.1 Linux Mint aktuell halten

Linux Mint ist eine Mischung aus dem Paket-Format DEB von Debian – hieraus bestehen das eigentliche System und standardmäßig installierte Software – und Flatpak, also Software, die man gerne aktueller hat, oder die unter Linux Mint im DEB-Format nicht verfügbar ist.

Sie sollten das System und die darauf installierte Software aktuell halten. Dies gelingt über die »Aktualisierungsverwaltung«, die Sie im Anwendungsmenü finden. Damit bringen Sie System und Programme, also auch Flatpak-Pakete, auf den neuesten Stand. Tun Sie dies nicht von sich aus, wird Linux Mint Sie in Intervallen darauf aufmerksam machen (siehe Abbildung 5.1).

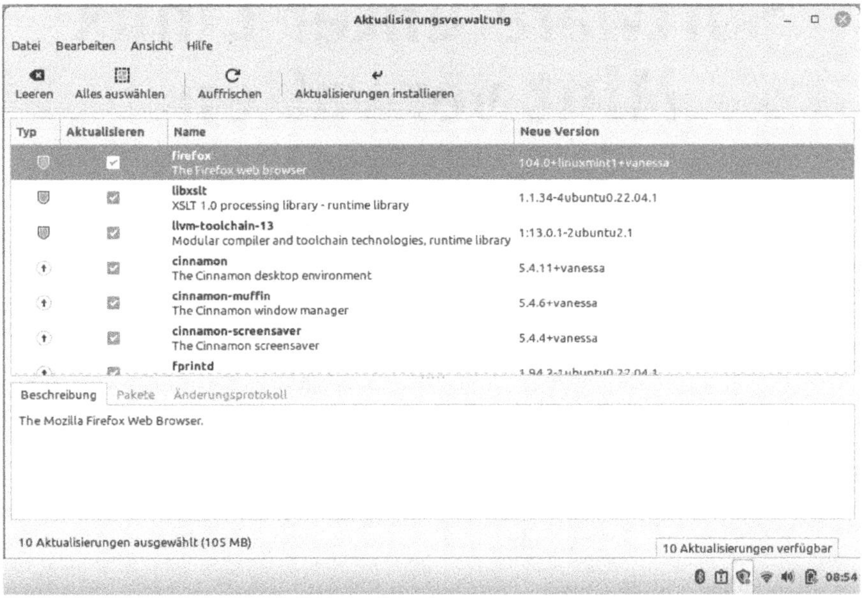

Abb. 5.1: Die Aktualisierungsverwaltung

Das System zeigt die vorhandenen Aktualisierungen. Sie brauchen nur noch auf den Schalter AKTUALISIERUNGEN INSTALLIEREN zu klicken. Die Aktualisierungsverwaltung zeigt vor jedem Paket, das aktualisiert werden könnte, die Art der Aktualisierung und bietet die Möglichkeit, selbst zu entscheiden, ob Sie die Aktualisierung vornehmen wollen oder nicht. Dies regeln Sie über die Checkbox vor dem Paket:

- **Sicherheitsaktualisierung** – ein sicherheitsrelevantes Update des Software-Paketes. Diese Aktualisierungen sollten Sie unbedingt vornehmen, es handelt sich um Behebungen von Sicherheitslücken.
- **Anwendungsaktualisierung** – hierbei handelt es sich um Updates, die neue Funktionen bringen und kleine Fehler in der Software bereinigen. Diese Aktualisierung können Sie ablehnen, sie bringt aber meist Verbesserungen.
- **Kernel-Aktualisierung** – es handelt sich hierbei um den Kern von Linux, also auch von Linux Mint. Dieser sollte immer aktualisiert werden, denn viele Kernel-Aktualisierungen bringen mehr Sicherheit für Ihr System.

Um welche Art der Aktualisierung es sich handelt, erkennen Sie, indem Sie den Mauszeiger über dem Symbol ganz links positionieren – ein Pop-up-Fenster gibt Ihnen die gesuchte Information.

Dauert Ihnen das Herunterladen der Aktualisierungen zu lange oder geht beim Download gar nichts mehr weiter, sollten Sie die Aktualisierung mit einem Klick auf den Schalter ABBRECHEN vorzeitig beenden. Standardmäßig ist unter Linux Mint ein Server in den USA aktiv und ein Server für Ubuntu in Großbritannien. Diese sollten Sie auf jeden Fall auf einen deutschen Server umstellen. Dies gelingt in der Aktualisierungsverwaltung über das Menü BEARBEITEN|EINSTELLUNGEN.

Hier klicken Sie unter »Offizielle Paketquellen« doppelt auf die bisher aktive Adresse für Linux Mint (Linux Mint (Vanessa)) und Ubuntu (Basis (jammy)). Es öffnet sich ein weiteres Fenster. Warten Sie kurz ab, bis die Software den schnellsten Server gefunden hat (der oberste). Diesen Server markieren Sie mit einem Mausklick und klicken dann auf den Schalter ANWENDEN (siehe Abbildung 5.2).

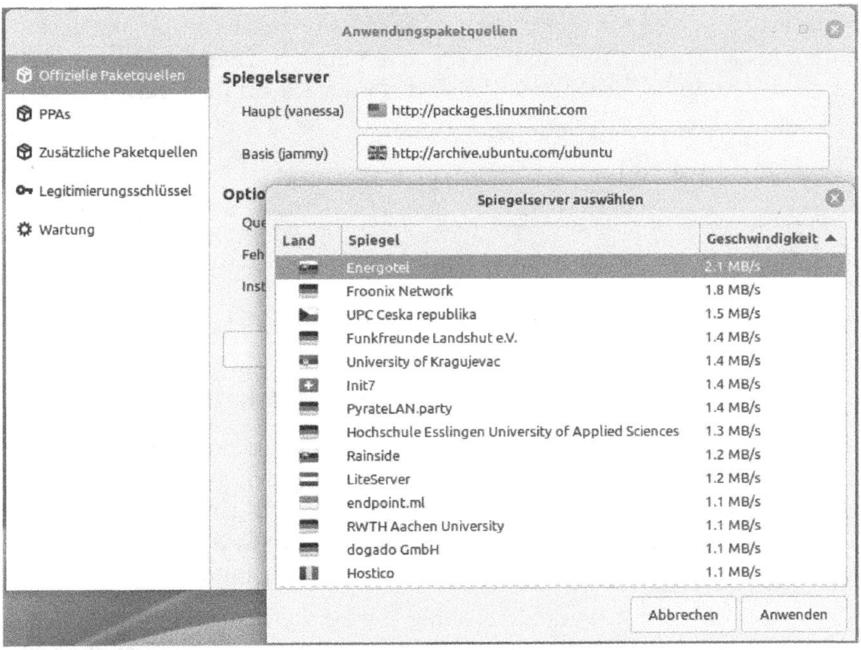

Abb. 5.2: Einstellungen zur Aktualisierung

Anschließend bestätigen Sie die Nachfrage zur Aktualisierung des Zwischenspeichers. Ist dies abgeschlossen, schließen Sie das Fenster und starten Sie die Aktualisierung mit einem Klick auf AKTUALISIERUNGEN INSTALLIEREN.

Gibt es eine neue Version von Linux Mint, wird Sie das System darauf hinweisen. Die Aktualisierung auf die neue Version gelingt anschließend per Mausklick.

Da Linux Mint direkt auf Ubuntu LTS (Long Term Support) basiert, wird es auch nach dessen Update-Zeiträumen unterstützt. Dies bedeutet, Sie erhalten fünf Jahre lang Updates. Anschließend sollten Sie auf die neue Version von Linux Mint aktualisieren.

Linux Mint sofort auf eine neue Version aktualisieren

Auch wenn eine neue Version von Linux Mint herausgegeben wurde – also Linux Mint von 22 auf Linux Mint 22.1 oder Linux Mint 23 aktualisiert wird –, bedeutet dies nicht, dass Sie die Aktualisierung sofort zur Installation angeboten bekommen. Dies kann durchaus mehrere Wochen dauern. Möchten Sie Linux Mint sofort auf eine neue Version aktualisieren, installieren Sie über die Paket-Verwaltung das Paket »mintupgrade« (siehe Abschnitt 5.2.1). Anschließend starten Sie auf dem Terminal den Befehl:

```
sudo mintupgrade
```

Bestätigen Sie die Nachfragen mit [↵].

5.2 Software installieren und aktualisieren

5.2.1 Der Linux-Mint-Standard – Debian-Pakete

Der Grundaufbau von Linux Mint – also das System und die standardmäßig installierte Software – besteht aus Debian-Paketen. Debian hat eines der größten Software-Archive aller Linux-Distributionen. Ubuntu bezieht diese Pakete aus dem Software-Archiv von Debian und passt diese auf Ubuntu an und Linux Mint übernimmt diese anschließend von Ubuntu.

Um Anwendungen mit grafischer Oberfläche zu installieren, öffnen Sie aus dem Anwendungsmenü unter der Kategorie »System« die Anwendungsverwaltung (siehe Abbildung 5.3).

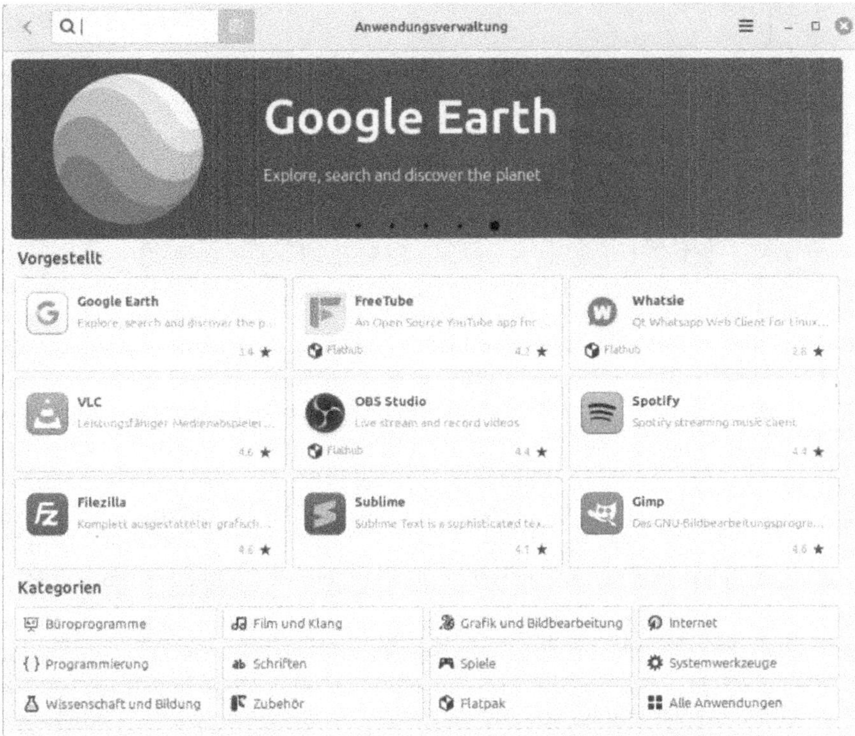

Abb. 5.3: Anwendungsverwaltung – Software mit grafischer Oberfläche installieren und deinstallieren

In der Anwendungsverwaltung finden Sie einige Vorschläge für häufig genutzte Software und darunter Software-Kategorien. Links oben befindet sich eine Suche, über die Sie nach dem Namen einer Software suchen können, oder auch nach Begriffen – etwa danach, was die Software können soll (Bildbearbeitung, Internet, Büro, ...). Um eine Software zu installieren, klicken Sie auf den Eintrag. Hier finden Sie einen Schalter namens INSTALLIEREN. Ein Klick auf INSTALLIEREN und schon wird die ausgewählte Software nach der Eingabe Ihres Passwortes installiert (siehe Abbildung 5.4).

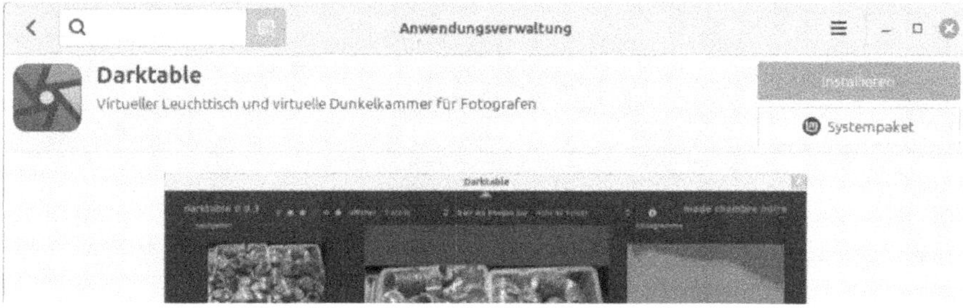

Abb. 5.4: Installieren von Software über die Anwendungsverwaltung

Ist ein Paket installiert, finden Sie hier auch den Schalter zum Deinstallieren mit der gleichnamigen Bezeichnung.

In der Anwendungsverwaltung finden Sie – anders als unter dem gleich danach beschriebenen Synaptic – auch Flatpak-Software (diese wird in Abschnitt 5.2.2 beschrieben). Ein Flatpak-Paket erkennen Sie daran, dass unter dem Schalter INSTALLIEREN ein weiterer Schalter mit der Bezeichnung FLATPAK zu finden ist. Ist die Software als Systempaket (Debian-Paket) und als Flatpak-Paket verfügbar, können Sie zwischen den beiden Möglichkeiten auswählen.

Um unter Linux Mint nach weiterer Software zu suchen – nicht nur solche, mit grafischer Oberfläche, also etwa Software für das Terminal, Treiber oder Server aller Art –, geben Sie im Anwendungsmenü den Begriff »synaptic« ein. Alternativ öffnen Sie im Anwendungsmenü die Kategorie SYSTEMVERWALTUNG. Hier findet sich die Softwareverwaltung (siehe Abbildung 5.5). Um unter Linux Mint nach weiterer Software zu suchen, geben Sie im Anwendungsmenü den Begriff »synaptic« ein. Alternativ öffnen Sie im Anwendungsmenü die Kategorie SYSTEMVERWALTUNG. Hier findet sich die Softwareverwaltung (siehe Abbildung 5.5).

Synaptic ist recht einfach aufgebaut: Links oben finden Sie eine Liste mit Software-Kategorien. Klicken Sie eine solche mit der linken Maustaste an, werden rechts oben die in dieser Kategorie vorhandenen Software-Pakete angezeigt. Ein Klick auf ein solches Paket zeigt darunter die Beschreibung der jeweiligen Software. Klicken Sie in der Beschreibung auf den Schalter BILDSCHIRMFOTO HERUNTERLADEN, wird Ihnen auch ein Screenshot angezeigt (wenn ein solcher vorhanden ist).

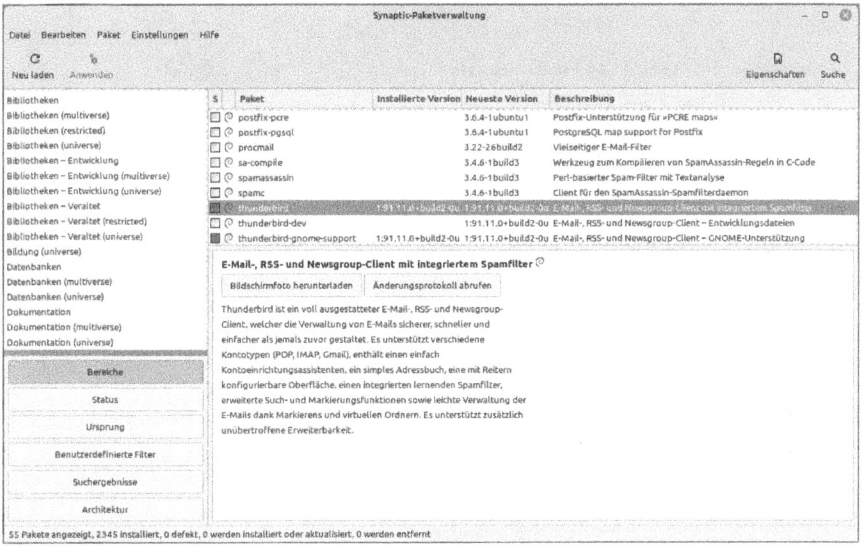

Abb. 5.5: Synaptic – Softwareverwaltung für Debian-Pakete

Vor jedem Paket in der Liste rechts oben finden Sie eine Checkbox. Diese ist entweder leer oder mit einer Farbe bzw. einem Symbol gefüllt. Die Farbe oder das Symbol zeigen den Status des jeweiligen Paketes an – folgende Symbole sind zu finden:

- **Grün gefüllt** – das Paket (die Software) ist installiert und funktioniert.
- **Rot gefüllt** – das Paket ist installiert, jedoch liegt ein Fehler vor, möglich wäre, dass ein Update nicht funktioniert hat.
- **Gelber Pfeil** – das Paket ist zur Installation vorgemerkt.
- **Gelber Pfeil in grün gefüllter Checkbox** – das Paket ist zur Aktualisierung vorgemerkt.
- **Gelber Stern in grün gefüllter Checkbox** – für das Paket gibt es eine Aktualisierung.
- Es gibt noch weitere Markierungen – welche dies sind, zeigt Ihnen in Synaptic die Nutzung des Menüeintrages HILFE|SYMBOLLEGENDE (siehe Abbildung 5.6).

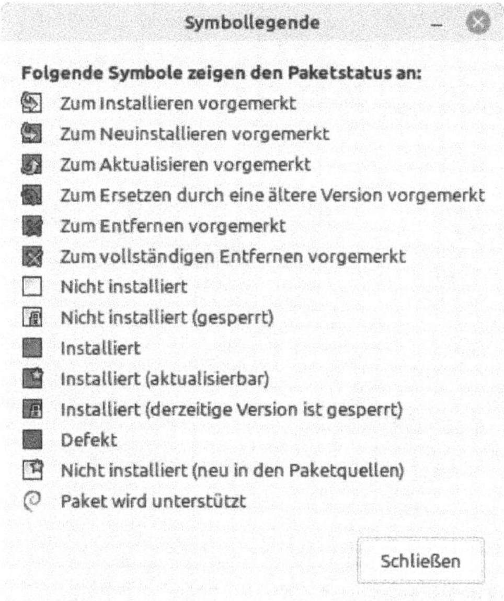

Abb. 5.6: Synaptic – Symbole für den Status von Software-Paketen

Mit der Checkbox lässt sich der Status eines Paketes ändern. Klicken Sie mit der linken Maustaste in die Checkbox, so können sie das Paket installieren oder deinstallieren.

Ein Klick auf den Schalter ANWENDEN links oben führt die Aufgabe aus. Sollten sich hierbei Probleme ergeben – Synaptic findet etwa die Pakete nicht –, klicken Sie auf den Schalter NEU LADEN und starten noch einmal mit ANWENDEN.

Debian-Pakete auf dem Terminal verwalten

Sie müssen Debian-Software-Pakete nicht unbedingt mit grafischer Software verwalten. Sie können dies auch auf dem Terminal (siehe Abschnitt 4.3) tun.

Hinweis für Debian- und Ubuntu-Benutzer

Unter Linux Mint verwendet man auf dem Terminal noch den älteren Befehl `apt-get` statt des unter Debian und Ubuntu aktuelleren Befehls `apt`. Zwar lässt sich auch der aktuellere Befehl nutzten, optimiert ist Linux Mint jedoch für den älteren. Keinesfalls sollten Sie beide Befehle verwenden. Diese nutzen unterschiedliche Markierungen für die Softwareverwaltung, was das System durcheinander bringen kann.

Als Erstes sollten Sie die Internet-Archive, auf denen die Debian-Pakete liegen, mit dem lokalen System synchronisieren. Dies gelingt mit dem Befehl:

```
sudo apt-get update
```

Jetzt lässt sich das komplette Grundsystem, also Ubuntu und die Software, die als Debian-Paket installiert ist, mit folgendem Befehl aktualisieren:

```
sudo apt-get upgrade
```

Sie können natürlich auch nach Software suchen. Hierzu nutzen Sie die Option `search begriff`. Als Suchbegriff geben Sie den Namen einer Software ein, eine Programm-Kategorie oder Dateiformate, mit denen die Software umgehen kann. Etwa:

```
sudo apt-cache search inkscape
```

Abbildung 5.7 zeigt eine solche Suche.

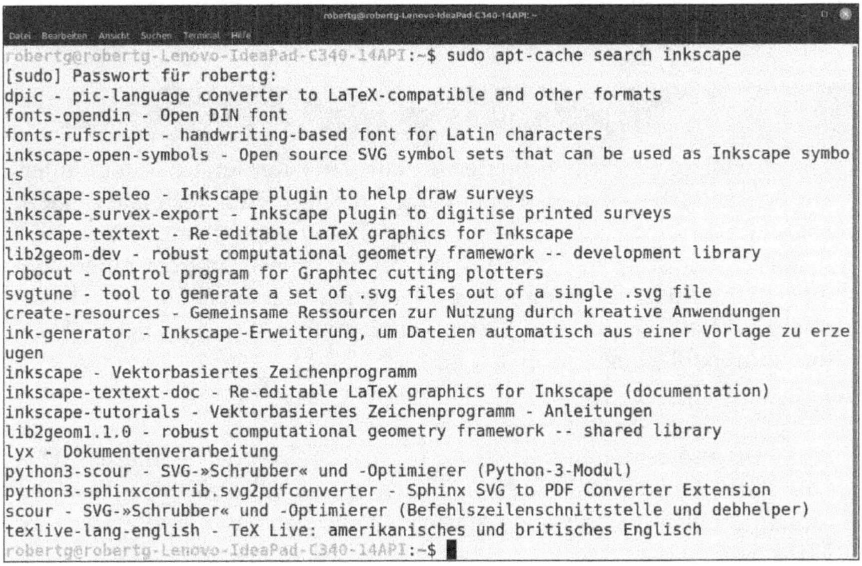

Abb. 5.7: Software-Suche am Terminal

Angezeigt werden zu Beginn der Name des Pakets und nach dem Bindestrich eine kurze Beschreibung. Zur Installation eines Pakets nutzen Sie die Option `install` und geben dessen Namen an. Ein Beispiel:

```
sudo apt-get install inkscape
```

Die Deinstallation von Software-Paketen erfolgt durch die Option `remove`. Hier ein Beispiel mit dem zuvor installierten Paket »inkscape«:

```
sudo apt-get remove inkscape
```

Debian speichert die Debian-Pakete zur Installation und zur Aktualisierung im Systemverzeichnis »/var/cache/apt/archives/« und löscht diese nicht automatisch. Daher sollten Sie diese Pakete, die nur zur Installation dienen und anschließend nicht mehr benötigt werden, hin und wieder manuell löschen. Ansonsten benötigen diese nur unnötig Platz. Hierzu dient folgender Befehl:

```
sudo apt-get clean
```

Auch aktualisieren lässt sich Linux Mint am Terminal. Dies gelingt mit den Befehlen:

```
sudo apt-get update
sudo apt-get upgrade
```

Alte Kernel löschen

Linux Mint speichert installierte (aktualisierte) Kernel im System unter »/boot« – solche Kernel können gerade bei kleineren Festplatten Speicherplatz verschwenden. Ist kein Platz mehr auf der Systempartition vorhanden (oder zu wenig), können Sie sich nicht mehr auf der grafischen Oberfläche am Desktop anmelden. In solchen Fällen melden Sie sich am Login-Bildschirm mit der Tastenkombination `Strg`+`Alt`+`F2` an und führen folgenden Befehl aus:

```
sudo apt autoremove
```

Anschließend kehren Sie mit `Strg`+`Alt`+`F7` wieder auf die grafische Oberfläche zurück und Sie können sich wieder normal anmelden. Um diesem Problem vorzubeugen, starten Sie den Befehl hin und wieder am Terminal.

5.2.2 Flatpak – noch mehr Software

Es handelt sich bei Flatpak um eine Eigenentwicklung von Fedora (Fedora ist die kostenlose Testplattform für Red Hat), eine weitere Linux-Distribution, die vor allem auf Aktualität setzt. Flatpak kann auch von anderen Linux-Distributionen genutzt werden. Dieses Paket-Format hat den Vorteil, dass Entwickler es damit einfacher haben, aktuellere Software für Linux zu liefern.

Sie können Flatpak-Pakete über das Terminal installieren (siehe nächster Absatz) oder auch über die grafische Oberfläche der Anwendungsverwaltung (siehe Abbildung 5.3 im Abschnitt 5.2.1).

Sie finden das Software-Archiv von Flatpak im Internet unter der Adresse *https://flathub.org/home*. Sie suchen sich dort die gewünschte Software, öffnen die Seite und scrollen ganz hinunter. Dort zeigt sich ein Feld mit der Bezeichnung »Install«. Klicken Sie auf die Schaltfläche zum Kopieren des Befehls, fügen Sie den Befehl per Rechtsklick in das geöffnete Terminal ein (siehe Abschnitt 4.3) und bestätigen Sie mit der [↵]-Taste. Das System fragt nach, ob Sie die Software und eventuelle Abhängigkeiten wirklich installieren möchten. Sie bestätigen dies mit der [↵]-Taste. Möchten Sie doch abbrechen, geben Sie [N] ein und bestätigen. Ein Beispiel zeigt Abbildung 5.8.

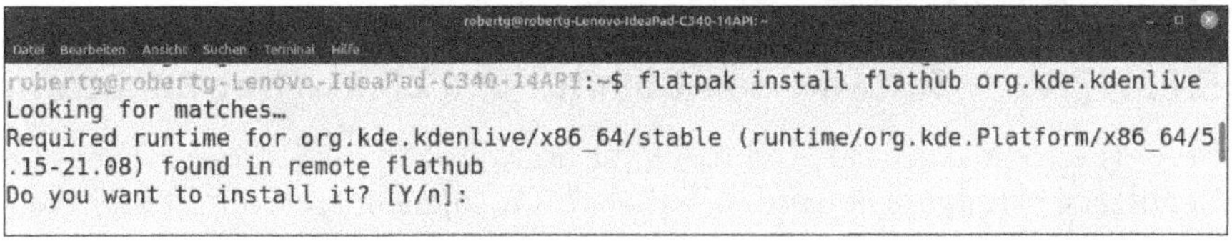

Abb. 5.8: Flatpak-Pakete unter Linux Mint installieren

5.2.3 AppImages – ausführbare Dateien

Ein weiteres wichtiges Paket-Format unter Linux Mint nennt sich »AppImage«. Es handelt sich hierbei um ausführbare Dateien, ähnlich der EXE-Dateien unter Microsoft Windows. Solche Dateien lassen sich unter allen Linux-Distributionen nutzen. Eine Installation ist dabei nicht nötig.

Sie finden solche Anwendungen immer wieder auf Webseiten. Sie brauchen solche nur herunterzuladen und in einem beliebigen Verzeichnis zu speichern. Diese Dateien haben die Dateiendung ».appimage«.

AppImages müssen einmalig ausführbar gemacht werden. Dies gelingt per Rechtsklick auf die Datei und der Wahl von Eigenschaften|Zugriffsrechte. Hier aktivieren Sie die Checkbox Der Datei erlauben sie als Programm auszuführen (siehe Abbildung 5.9). Anschließend lässt sich die Software per Doppelklick auf die Datei starten.

Abb. 5.9: AppImages ausführbar machen

5.2.4 PPAs – Software von Ubuntu- und Linux-Mint-Benutzern

PPAs (Personal Package Archive) sind Software-Archive, die von Ubuntu-Benutzern bereitgestellt werden. Software aus solchen Archiven ist zwar kein offizieller Bestandteil von Ubuntu, die Idee dahinter stammt aber von Ubuntu selbst. PPAs sind auch für Linux Mint verfügbar.

PPAs bieten Benutzern die Möglichkeit, Software bereitzustellen, die in Ubuntu und darauf basierenden Linux-Distributionen wie Linux Mint entweder nicht vorhanden ist oder aktuellere Versionen verfügbarer Software. So bieten PPAs etwa aktuellere Versionen von LibreOffice oder vom Webbrowser Firefox.

PPAs bieten Fremdsoftware

Wie schon beschrieben – in PPAs wird Software angeboten, die von Benutzern bereitgestellt wird. Es handelt sich dabei um Software, die nicht von Ubuntu oder Linux Mint geprüft wird. Unter normalen Umständen wird solche Software problemlos funktionieren. Sie könnte jedoch auch die Stabilität des Systems gefährden. Die Nutzung von PPAs erfolgt also auf eigene Gefahr.

Sie finden die Sammlung von PPAs unter der Web-Adresse *https://launchpad.net/ubuntu/+ppas*. Jedes PPA enthält eine Beschreibung der Software sowie Anweisungen, wie man das PPA in Ubuntu und somit auch in Linux Mint integriert.

Die Integration eines PPAs in Linux Mint wird als Administrator auf dem Terminal (siehe Abschnitt 4.3) vorgenommen. Die Syntax dazu lautet:

```
sudo add-apt-repository ppa:benutzername/ppa
```

Hierbei brauchen Sie nur `nutzername/ppa` durch die Angaben aus der Beschreibung auf der Webseite zu ersetzen. Im Grunde brauchen Sie bloß die Befehle auf der Webseite zu kopieren und am Terminal per Rechtsklick einzufügen.

Die ganze Abfolge der Befehle lautet schließlich:

```
sudo add-apt-repository ppa:benutzername/ppa
sudo apt-get update
sudo apt-get install paket
```

Ist ein PPA in Linux Mint integriert und die Software daraus installiert, hält sich die Software mit der Aktualisierung des Systems von selbst aktuell. Um ein PPA wieder aus dem System zu entfernen, nutzen Sie erst folgenden Befehl, um alle PPAs deanzuzeigen (kann als normaler Benutzer ohne `sudo` genutzt werden):

```
apt policy
```

Jetzt können Sie den Namen des PPAs nutzen, um dieses wieder aus dem System zu entfernen – etwa:

```
sudo ppa-purge ppa:benutzername/ppa
sudo apt-get update
```

Damit wird nicht nur die über das PPA installierte Software entfernt, sondern auch das PPA selbst aus dem System gelöscht.

Grafisch mit PPAs arbeiten

Unter Linux Mint können Sie PPAs mit einer grafischen Oberfläche hinzufügen und wieder entfernen. Hierzu öffnen Sie aus dem Anwendungsmenü den Eintrag »Anwendungspaketquellen«. Hier klicken Sie links in der Liste auf den Schalter PPAs. Ein weiterer Klick auf den Schalter HINZUFÜGEN, und Sie können die PPA-Zeile im sich öffnenden Fenster einfügen (siehe Abbildung 5.10).

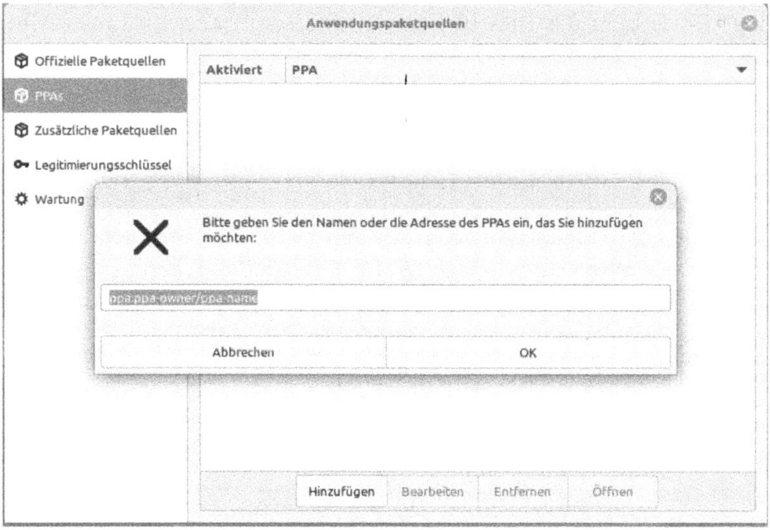

Abb. 5.10: PPAs unter Linux Mint hinzufügen und entfernen

Nach einem Klick auf den Schalter OK lädt die Software das neue PPA ins System und Sie können diese über Synaptic oder auf dem Terminal installieren. Im Fenster zum Hinzufügen von PPAs können Sie diese auch wieder entfernen. Sie markieren dazu den jeweiligen Eintrag im Fenster und klicken dann auf den Schalter ENTFERNEN.

Probleme mit PPAs beheben

Hin und wieder kommt es vor, dass man PPAs mehrfach in das System integriert. Das kann vor allem am Terminal passieren (siehe Abschnitt 4.3). In solchen Fällen meldet das System Fehler. Auch hierbei hilft die Software »Anwendungspaketquellen« aus dem Anwendungsmenü.

Hier klicken Sie links in der Liste auf den Schalter WARTUNG. Unter den sich öffnenden Möglichkeiten dient der Schalter MERGELIST-PROBLEME BEHEBEN zum

Entfernen doppelter Einträge von PPAs. Mehrfach vorhandene Einträge werden automatisch gelöscht (siehe Abbildung 5.11).

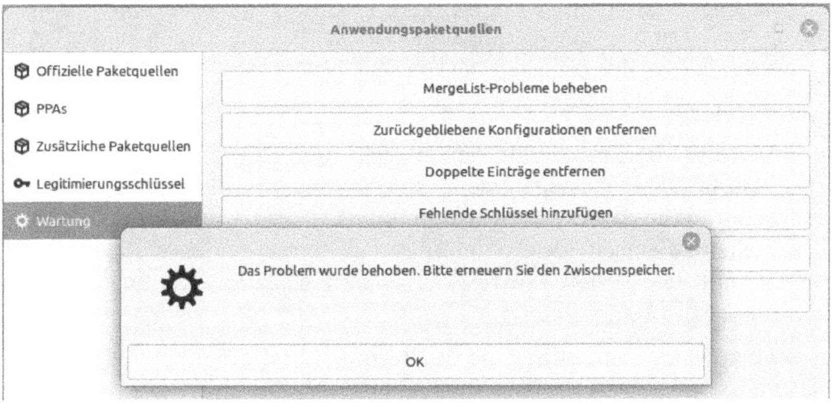

Abb. 5.11: Doppelte PPA-Einträge löschen

5.2.5 Snap – der Ubuntu-Standard

Snap ermöglicht es, aktuellere Software zu installieren, als für das Ubuntu-Release eigentlich vorgesehen ist. Dies gilt natürlich auch für Linux Mint. Zudem hat der Distributor der Distribution weniger Arbeit mit der Anpassung der Software an das System. Snap ist seit Kurzem der Standard unter Ubuntu für Benutzer-Software.

Anders als Flatpak (siehe Abschnitt 5.2.2) ist Snap unter Linux Mint nicht aktiviert. Der Grund ist recht einfach erklärt: So einiges rund um das Thema Snap legt Ubuntu nicht offen. Vor allem Dinge rund um das Software-Archiv (anders als unter Flatpak – hier ist alles offen zugänglich). Dies missfällt den Entwicklern von Linux Mint. So oder so – Snap bietet zusätzliche Software.

Was bedeutet Snap?

Snap ist ein von Ubuntu entwickeltes Software-Paket-Format. Standardmäßig installiert Ubuntu benötigte Abhängigkeiten als eigene Pakete. Braucht ein Programm etwa Java als Abhängigkeit, wird dieses Pakete zusätzlich installiert. Ein Snap-Paket besteht wiederum aus der eigentlichen Software *plus* den Abhängigkeiten, also aus allem, was das Programm zum Funktionieren benötigt. »Snap-Pakete« werden häufig »Snaps« genannt.

Snaps sind meist aktueller als DEB-Pakete, weil die Entwickler nicht auf die Abhängigkeiten der Ubuntu-Version achten müssen. Bei der Stabilität solcher Software gibt es keine Unterschiede zu Ubuntu-Paketen (siehe Abschnitt 5.2.1).

Snap aktivieren

Die Entwickler von Linux Mint haben nicht nur einfach das unter Ubuntu vorinstallierte Paket für Snap namens »snapd« nicht installiert, nein, sie haben die Installation dieses Pakets sogar unterbunden. Dabei sollte es dem Benutzer freistehen zu entscheiden, ob er Snap-Pakete verwenden will oder nicht. Probleme mit dem System wird es durch die Installation von Snap-Paketen unter Linux Mint keine geben.

Um Snap zu aktivieren, öffnen Sie das Terminal und geben Sie folgende Befehle ein:

```
sudo rm /etc/apt/preferences.d/nosnap.pref
sudo apt-get update
apt-get install snapd
```

Möchten Sie dies wieder rückgängig machen, deinstallieren Sie das Paket »snapd« auf dem Terminal:

```
sudo apt-get purge snapd
```

Anschließend erstellen Sie die zuvor gelöschte Datei neu durch folgenden Befehl:

```
sudo nano /etc/apt/preferences.d/nosnap.pref
```

Es öffnet sich der Terminal-Editor »nano«. Fügen Sie folgende Zeilen in die Datei ein (siehe Abbildung 5.12):

```
Package: snapd
Pin: release a=*
Pin-Priority: -10
```

Nachdem der Text in der Datei vorhanden ist, speichern Sie die Datei mit [Strg]+[o], bestätigen mit [↵] und schließen den Editor mit [Strg]+[x].

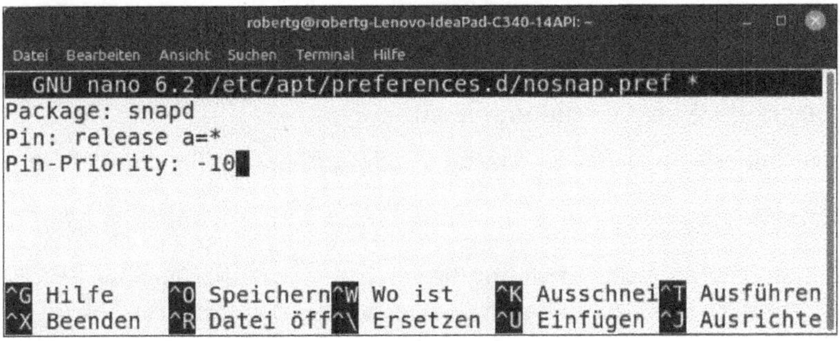

Abb. 5.12: Die Datei »nosnap.pref« wieder erstellen

Snap-Pakete installieren, aktualisieren und deinstallieren

Snap-Pakete verwalten Sie unter Linux Mint am Terminal mit administrativen Rechten. Dies funktioniert sehr einfach: Sie finden Snap-Pakete im Internet unter der Adresse *https://snapcraft.io/store*. Dort sehen Sie unter anderem Bildschirmfotos und Beschreibungen zur Software. Sie wählen hier die gewünschte Version der Software aus und klicken auf den Schalter INSTALL (siehe Abbildung 5.13).

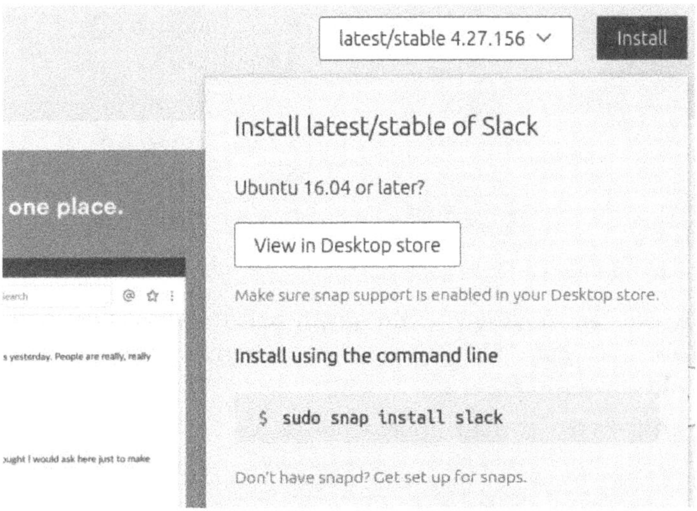

Abb. 5.13: Der Befehl zur Installation von Snap-Software

Es öffnet sich ein Menü mit Informationen. Wichtig für die Installation ist der Befehl unter »Install using the command line«. Im Beispiel oben:

```
sudo snap install slack
```

Sie erhalten keine Nachfragen. Snap lädt die Software herunter, installiert diese und integriert sie im Anwendungsmenü.

Um sich installierte Snap-Pakete anzeigen zu lassen, nutzen Sie den Befehl:

```
snap list
```

Durch diesen Befehl werden nicht nur die von Ihnen installierten Snap-Pakete angezeigt, sondern auch durch das System automatisch installierte Abhängigkeiten. Auch wenn Snap-Pakete eigentlich alles beinhalten, um zu funktionieren, werden einige Abhängigkeiten doch extra installiert (siehe Abbildung 5.14).

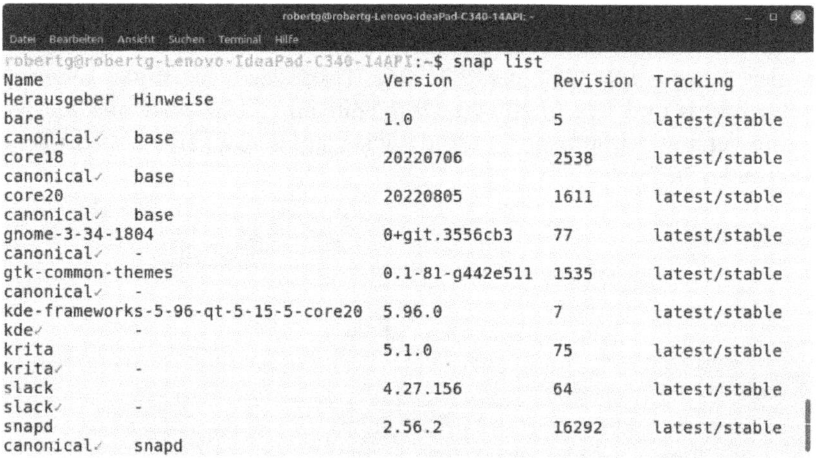

Abb. 5.14: Installierte Snap-Pakete

Ganz links sehen Sie den Herausgeber, also den Ersteller des Pakets. Es folgt der Hinweis »base«, der eine Abhängigkeit zeigt. Weiterhin folgen Informationen zur Version der Software.

Um installierte Snap-Pakete zu aktualisieren, nutzen Sie den Befehl:

```
sudo snap refresh
```

Zur Deinstallation eines Snap-Paketes geben Sie dessen Namen in folgendem Befehl an – hier das Paket »slack«:

```
sudo snap remove slack
```

5.3 Wichtige Treiber installieren

Haben Sie wie in Abschnitt 2.5 beschrieben Linux Mint mit aktiver Internetverbindung installiert und die Option »Installieren Sie Software von Drittanbietern für Grafik- und WLAN-Hardware und zusätzliche Medienformate« aktiviert, sind benötigte Treiber für Grafikkarte und WLAN schon automatisch installiert. Möchten Sie dies nachholen oder bauen Sie neue Hardware ein, schließen diese Hardware an, etwa WLAN-Sticks, und öffnen Sie aus dem Anwendungsmenü den Eintrag »Treiberverwaltung«.

Diese Systemanwendung überprüft die eingebaute und angeschlossene Hardware und bietet dazu benötigte Treiber zur Installation an. Sie markieren einfach den angezeigten Treiber und klicken auf den Schalter Änderungen anwenden (siehe Abbildung 5.15. Demnach sind keine weiteren Treiber notwendig).

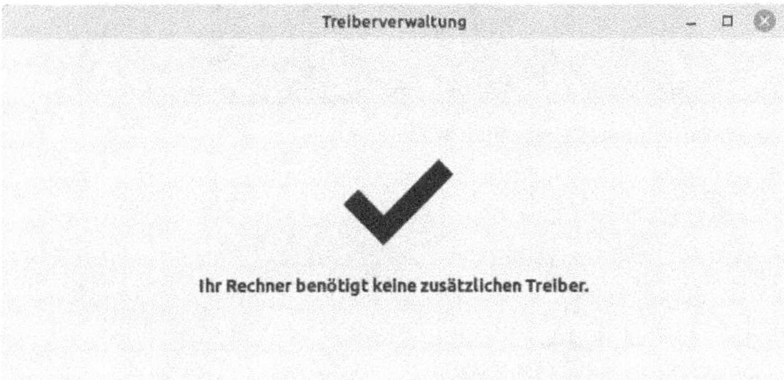

Abb. 5.15: Benötigte Treiber unter Linux Mint installieren

5.4 Weitere Schriften installieren

Linux Mint kommt in der Standardinstallation mit vielen Schriften daher. Besonders bei unter Windows erstellten Dokumenten sehen diese aber anders aus, da Standard-Windows-Schriften nicht installiert sind.

Eine der ersten Aktionen nach der Installation von Linux Mint sollte daher die Installation von unter Windows häufig genutzten Schriften sein. Dies erledigen Sie am Terminal mit dem Befehl:

```
sudo apt-get install ttf-mscorefonts-installer
```

Sie müssen die Installation der proprietären Schriften bestätigen. Dafür wechseln Sie mit der [Tab]-Taste auf den Schalter OK und bestätigen mit [Enter]. Anschließend führen Sie dieselbe Prozedur mit der Lizenz aus. Sie wechseln mit der [⭾]-Taste von NEIN auf JA und bestätigen mit [↵] (siehe Abbildung 5.16).

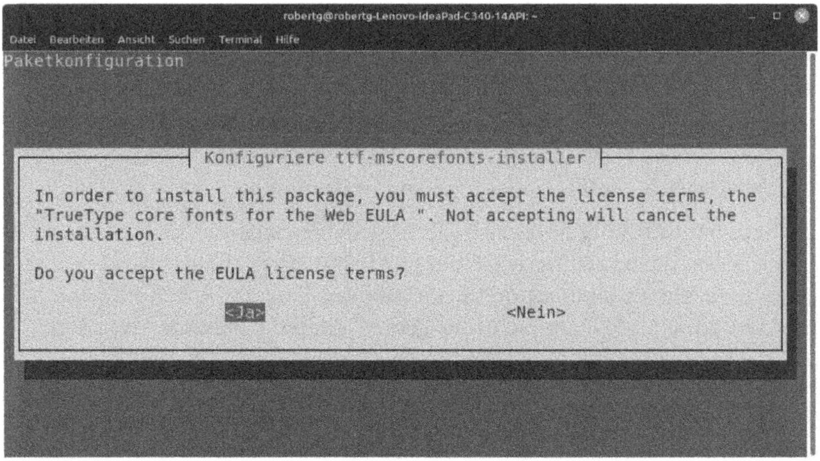

Abb. 5.16: Windows-Schriften unter Linux Mint installieren

Abb. 5.17: Schriften unter Linux Mint installieren

Haben Sie weitere Schriften aus dem Internet heruntergeladen, gelingt deren Installation sehr einfach. Meist sind diese in ein ZIP-Archiv komprimiert. Entpacken Sie das Archiv per Rechtsklick auf ENTPACKEN und klicken Sie anschließend die Schrift-Dateien doppelt an. Es öffnet sich ein Fenster mit einer Vorschau der Schrift. Sie brauchen nun nur noch auf den Schalter INSTALLIEREN zu klicken (siehe Abbildung 5.17).

5.5 Windows-Software unter Linux Mint

Windows-Software lässt sich unter Linux Mint nicht ohne Hilfe installieren und nutzen. Hierzu sind die beiden Betriebssysteme einfach zu verschieden.

Es gibt jedoch zwei Möglichkeiten, dieses Problem zu lösen:

- **Wine** – eine Software, die ein Windows-System emuliert. Über Wine lässt sich Windows-Software installieren und starten. Dies funktioniert nicht nur für Anwendungssoftware, sondern auch für Spiele.
- **Virtuelle Maschine** – eine virtuelle Maschine emuliert einen kompletten Computer und dessen Hardware. Auf einem solchen virtuellen Rechner lässt sich Windows installieren und hierüber wieder Windows-Software. Diese Möglichkeit benötigt jedoch viel Platz auf der Festplatte.

5.5.1 Wine – Windows-Software direkt unter Linux Mint

Windows nutzt andere System-Aufrufe als Linux Mint, sprich, die Art, wie Anwendungen mit dem Betriebssystem kommunizieren, um zu funktionieren, ist unterschiedlich. Wine übersetzt diese Windows-System-Aufrufe für Linux. Dies funktioniert zwar mit immer mehr Anwendungen und Spielen, aber nicht mit allen.

Eine Datenbank, welche Anwendungen und Spiele wie gut mittels Wine funktionieren, finden Sie unter *https://appdb.winehq.org*. Taucht eine Anwendung in dieser Liste nicht auf, bedeutet dies nicht automatisch, dass die Software mit Wine nicht funktioniert – einen Versuch ist es immer wert.

Der Vorteil von Wine gegenüber virtuellen Maschinen ist, dass Wine keine starke Hardware und wenig Platz auf der Festplatte benötigt. Sie installieren diese Software als Debian-Paket (siehe Abschnitt 5.2.1) am schnellsten über das Terminal mit folgenden Befehlen:

```
sudo dpkg --add-architecture i386
sudo apt-get update
sudo apt-get install wine-installer
```

Für reine 64-Bit-Anwendungen installieren Sie zusätzlich das Paket »wine-stable«:

```
sudo apt-get install wine-stable
```

Nach der Installation gilt es, Wine einmalig zu konfigurieren. Dies gelingt am Terminal mit dem Befehl:

```
winecfg
```

Es dauert wenige Sekunden, bis Wine eingerichtet wurde, anschließend öffnet sich ein Fenster mit der Konfiguration der Software (siehe Abbildung 5.18).

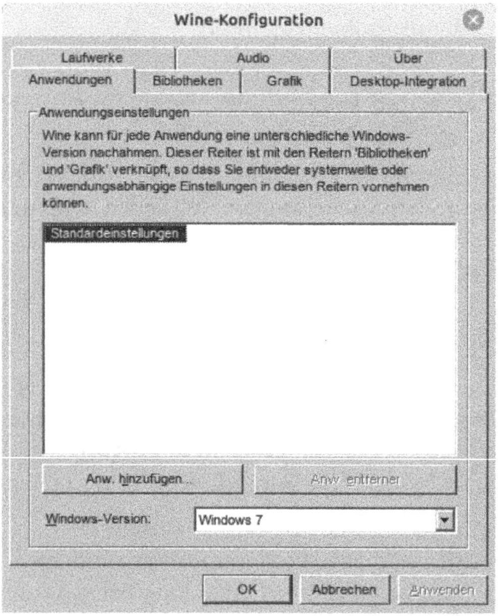

Abb. 5.18: Konfiguration von Wine

Die wichtigste Einstellung findet sich auf dem Reiter »Anwendungen«. Hier passen Sie die Windows-Version an. In der Regel ist es besser, eine ältere Version anzugeben – außer es handelt sich bei der zu installierenden Windows-Software um eine, die nur auf einer aktuelleren Windows-Version läuft.

Alle anderen Einstellungen sind kaum der Rede wert – sie sind nur relevant, wenn die installierte Software anschließend nicht richtig funktioniert. Schließen Sie das Fenster mit einem Klick auf ANWENDEN und OK.

Um eine Windows-Anwendung zu installieren, öffnen Sie das Verzeichnis mit der Windows-EXE-Datei im Dateimanager, klicken mit der rechten Maustaste in das Fenster auf eine freie Stelle und wählen den Eintrag IN TERMINAL ÖFFNEN. Im Beispiel nennt sich die Windows-Datei »iview460_setup.exe«. Sie geben den Befehl `wine` ein, fügen ein Leerzeichen hinzu, und anschließend den Dateinamen der Windows-EXE:

```
wine iview460_setup.exe
```

Zur einfachen Vervollständigung des Dateinamens geben Sie die ersten Zeichen des Dateinamens an und drücken die Taste (TAB) – das Terminal vervollständigt den Dateinamen und Sie brauchen nur noch mit (EINGABE) zu bestätigen.

Nach wenigen Sekunden öffnet sich die Installationsroutine wie unter Windows bekannt. Sie brauchen sich nur noch durch diese zu klicken (Abbildung 5.19).

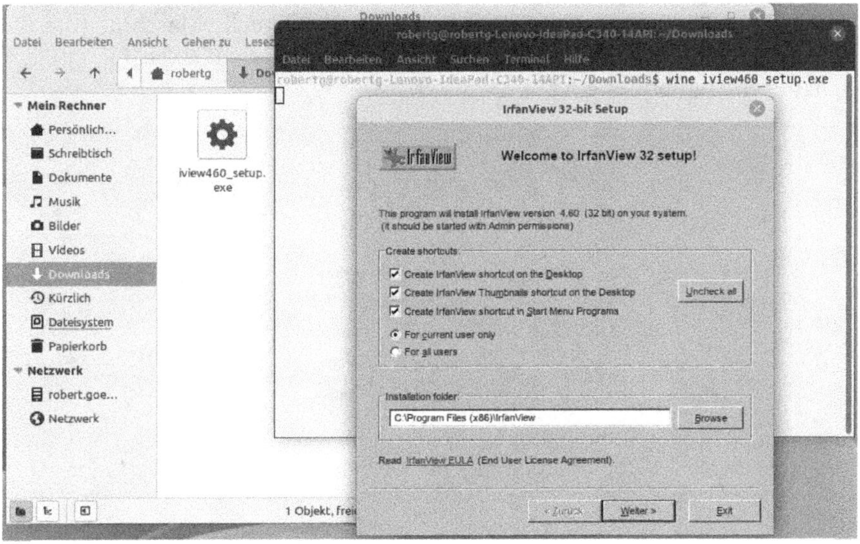

Abb. 5.19: Installation von Windows-Software mit Wine

Die installierte Windows-Software trägt sich, wie jede andere Anwendung auch, im Anwendungsmenü unter Linux Mint ein.

5.5.2 VirtualBox – Windows unter Linux installieren

Eine virtuelle Maschine benötigt sehr viel Platz als Wine auf der Festplatte, da sowohl die Software für die virtuelle Maschine als auch Windows selbst installiert werden müssen. Auch sollte der Computer über genug Leistung verfügen – er muss immerhin zwei Betriebssysteme zur selben Zeit ausführen.

Eine virtuelle Maschine besteht aus der eigentlichen Software, die die Hardware des Computers emuliert, und einer virtuellen Festplatte, auf der das Betriebssystem installiert wird.

VirtualBox ist eine sehr einfach zu nutzende Software, um virtuelle Maschinen zu erstellen. Damit lassen sich sowohl Windows unter Linux als auch weitere Linux-Distributionen installieren. VirtualBox installieren Sie auf dem Terminal durch folgenden Befehl:

```
sudo apt-get install virtualbox-qt virtualbox-ext-pack virtualbox-
guest-additions-iso
```

Beim ersten Start der Software gilt es, eine neue virtuelle Maschine (die Bezeichnung für virtuelle Computer) anzulegen. Hierzu klicken Sie auf den Schalter NEU (Abbildung 5.20).

Abb. 5.20: Erstellen einer virtuellen Maschine mit VirtualBox

Zu Beginn geben Sie einen Namen für die virtuelle Maschine an. Den Ordner, also das Verzeichnis, in dem diese gespeichert werden soll, können Sie belassen, wie er ist. Unter TYP geben Sie die Art des zu installierenden Betriebssystems an, also etwa Windows oder Linux, darunter die Version des Betriebssystems.

Weiter geht es im nächsten Fenster mit der »Speichergröße«. Hiermit ist der Arbeitsspeicher gemeint. Hier müssen Sie bedenken, dass sich Wirt, also das auf dem realen Computer installierte System, und der Gast, also das Betriebssystem auf der virtuellen Maschine, den Arbeitsspeicher des realen Computers teilen. Linux Mint mit Cinnamon benötigt minimal 2 GB Arbeitsspeicher, Windows 11 minimal 4 GB. Sie können dem virtuellen Windows auch mehr Arbeitsspeicher über den Regler geben – es läuft dann schneller. Hat Ihr Computer aber etwa nur 6 GB Arbeitsspeicher, können Sie dem virtuellen Windows nicht mehr als 4 GB geben, denn sonst wird Linux Mint instabil.

Im folgenden Fenster aktivieren Sie die Checkbox FESTPLATTE ERZEUGEN und belassen den voreingestellten Dateityp auf VDI (VIRTUALBOX DISK IMAGE). Andere Dateitypen sind nur nötig, wenn Sie die virtuelle Maschine auch mit anderen Anwendungen für virtuelle Maschinen nutzen möchten. Das nächste Fenster bietet zwei Möglichkeiten für die Größe der virtuellen Festplatte an:

- **Dynamisch alloziert** – die virtuelle Festplatte, also die Datei, die das Betriebssystem aufnehmen wird, ist zu Beginn klein und wächst mit der Installation des Betriebssystems und darauf installierter Software sowie darauf gespeicherter Daten. Die Installation des Betriebssystems dauert aber um einiges länger als bei der zweiten Option.
- **Feste Größe** – Sie vergeben eine fixe Dateigröße. Das Betriebssystem wird sehr schnell installiert. Sie können jedoch die Größe der virtuellen Festplatte nicht mehr verändern.

Haben Sie die Option FESTE GRÖSSE gewählt, legen Sie anschließend die Größe der virtuellen Festplatte fest. Hierbei sollten Sie bedenken, dass diese das Betriebssystem selbst (bei Windows etwa 40 GB) sowie weitere zu installierende Windows-Software und Daten aufnehmen muss.

Zurück im Hauptfenster, gilt es, noch eine Anpassung vorzunehmen, nämlich das Medium auszuwählen, von dem das Betriebssystem installiert wird. Dazu klicken Sie auf den Schalter ÄNDERN und in den sich öffnenden Einstellungen auf den Eintrag MASSENSPEICHER (Abbildung 5.21).

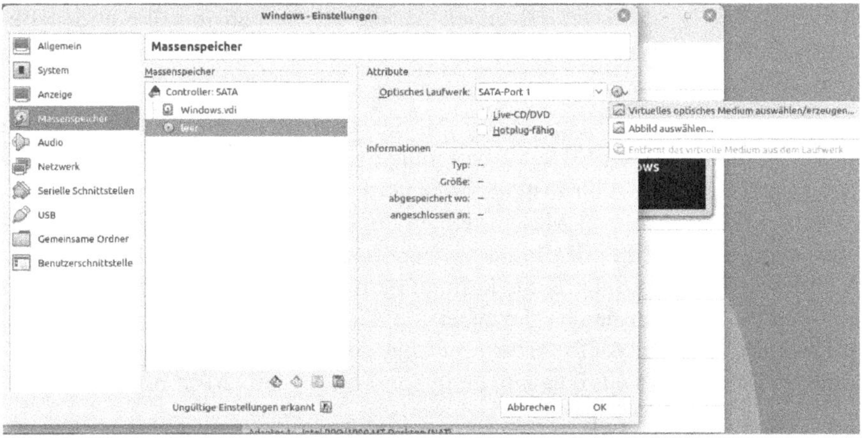

Abb. 5.21: Startmedium für die virtuelle Maschine angeben

Klicken Sie in der mittleren Liste auf den Eintrag LEER und ganz rechts auf den Schalter mit der DVD. Hier wählen Sie über den Dateimanager das DVD-Laufwerk oder die ISO-Datei, von der das Betriebssystem installiert werden soll. Mit einem Klick auf den Schalter OK rechts unten übernehmen Sie die Einstellungen und im Hauptfenster klicken Sie auf STARTEN.

Die virtuelle Maschine startet und deren Bildschirm erscheint in einem neuen Fenster (siehe Abbildung 5.22).

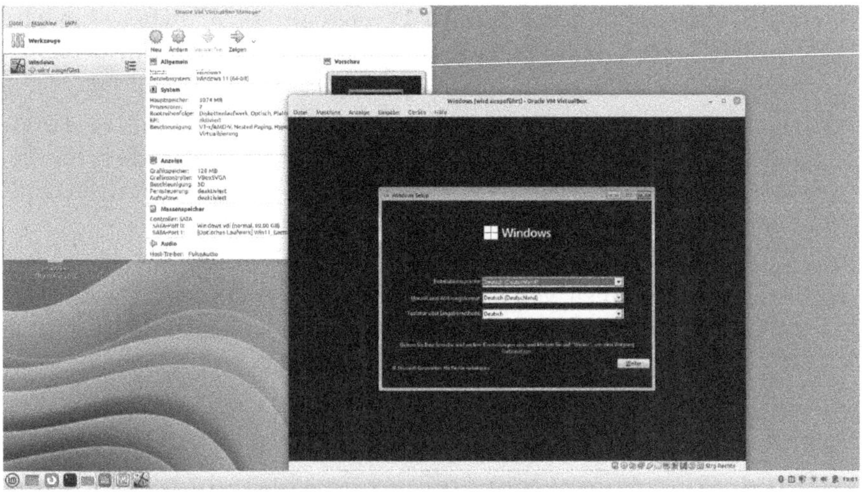

Abb. 5.22: Installation von Wine in einer virtuellen Maschine

Ältere Windows-Versionen brauchen keine Vorbereitung, Windows 11 benötigt jedoch einen sogenannten *TPM-Chip* als Hardware. Dieser lässt sich derzeit unter Linux nicht emulieren, daher müssen Sie Windows 11 anweisen, ohne einen solchen zu starten.

Windows 11 in der virtuellen Maschine installieren

Sind Sie im ersten Installationsfenster angelangt (siehe Abbildung 5.17), klicken Sie auf den Schalter WEITER. Windows wird melden, dass es auf diesem Computer nicht installiert werden kann. Brechen Sie mit einem Klick auf JA ab.

Drücken Sie die Tastenkombination [⇧]+[F11]. Es öffnet sich das Windows-Terminal. Geben Sie den Befehl `regedit` ein. Im sich öffnenden Registrierungseditor navigieren Sie durch den Pfad »HKEY_LOCAL_MACHINE\SYSTEM\Setup«. Hier erstellen Sie über das Menü BEARBEITEN|NEU einen neuen Schlüssel mit dem Namen »LabConfig«. Es handelt sich hierbei um ein Verzeichnis. Klicken Sie rechts in das neue Verzeichnis und erstellen Sie über NEU einen neuen »DWORD-Wert (32 Bits)« mit der Bezeichnung »BypassSecureBootCheck« und einen weiteren mit der Bezeichnung »BypassTPMCheck«. Anschließend klicken Sie doppelt auf die beiden erstellten Einträge und setzen den Wert »1«. Nun schließen Sie den Registrierungseditor und das Terminal. Klicken Sie nochmals auf INSTALLIEREN.

Wurde Windows installiert, gilt es, die Gasterweiterungen zu installieren. Diese sorgen für eine bessere Integration von Windows in VirtualBox. So lassen sich etwa Dateien zwischen dem in der virtuellen Maschine installierten Windows und dem realen Linux tauschen oder Windows im Fenster ins Vollbild schalten. Hierzu öffnen Sie im laufenden Windows im VirtualBox-Menü das Menü GERÄTE|GASTERWEITERUNGEN EINLEGEN, anschließend öffnen Sie unter Windows den Dateimanager und darin das CD-Laufwerk. Per Doppelklick installieren Sie die Datei »VboxWindowsAddition« (Abbildung 5.23). Zuletzt starten Sie das virtuell installierte Windows neu.

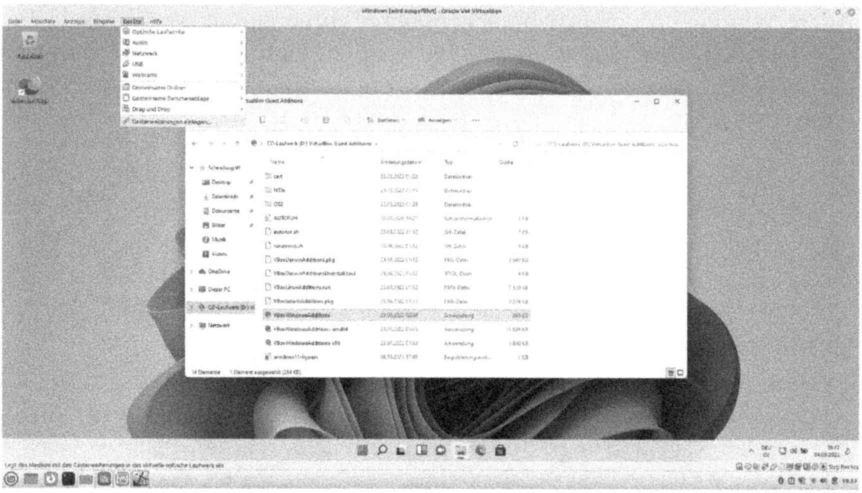

Abb. 5.23: Gasterweiterungen für Windows installieren

Dateien zwischen Linux und Windows tauschen

Um Dateien zwischen Linux und Windows zu tauschen, sollten Sie eigens dafür ein Verzeichnis einrichten. Es ist zwar möglich, das komplette Home-Verzeichnis zu nutzen oder das komplette Linux-System, dies ist jedoch nicht zu empfehlen. Würde etwa das virtuell installierte Windows von Schadsoftware befallen, könnte diese auch auf die eigentlich sicheren Daten unter Linux Mint zugreifen und diese etwa verschlüsseln.

Meine Empfehlung lautet: Legen Sie ein eigenes Verzeichnis an, auf das beide Betriebssysteme Zugriff haben. In den Einstellungen zum virtuellen Rechner in VirtualBox öffnen Sie den Eintrag GEMEINSAME ORDNER und fügen dieses Verzeichnis per Klick auf den Schalter FÜGT EINEN NEUEN GEMEINSAMEN ORDNER HINZU in die virtuelle Maschine ein – siehe Abbildung 5.24.

Nach dem Erstellen eines gemeinsamen Ordners in VirtualBox öffnen Sie den Dateimanager (Windows Explorer) und klicken Sie links in der Orte-Liste auf den Eintrag »Netzwerk«. Haben Sie bisher an den Einstellungen nichts verändert, wird Windows nachfragen, ob Sie das System im Netzwerk sichtbar machen möchten – diese Nachfrage bejahen Sie.

Unter dem Eintrag »Netzwerk« findet sich anschließend entweder ein neuer Eintrag mit der Bezeichnung »VBOXSVR« oder der Ordner wird nach dem Rechner bezeichnet. Diesen Ordner öffnen Sie per Doppelklick. Er beinhaltet das Verzeichnis, das Sie bei der Erstellung des gemeinsamen Ordners angegeben haben. Alle Dateien, die Sie in diesem Verzeichnis ablegen, können von beiden Betriebssystemen genutzt werden (siehe Abbildung 5.25).

Abb. 5.24: Gemeinsame Ordner für den Tausch von Dateien erstellen

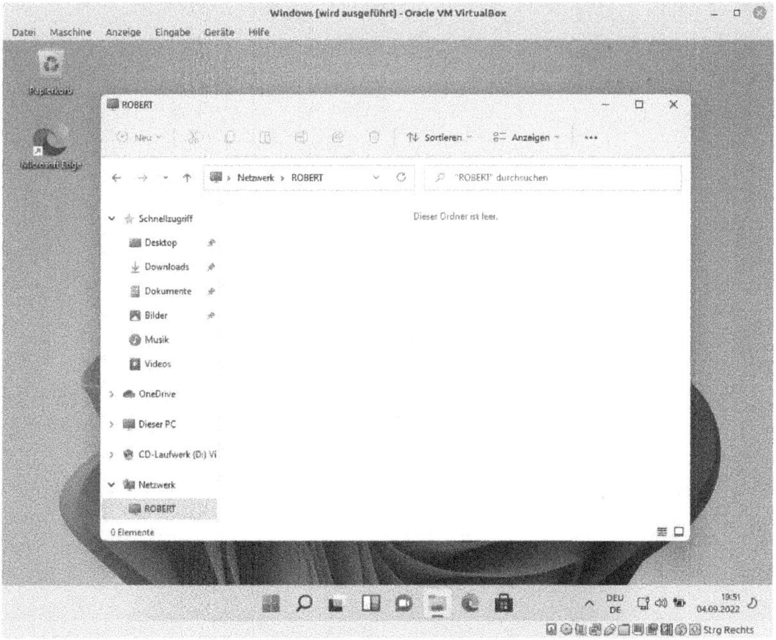

Abb. 5.25: Gemeinsame Ordner zum Tausch von Dateien

Kapitel 6

Anwendungen

Anwendungen, also Benutzersoftware, finden Sie unter Linux Mint in großen Mengen. Egal, ob es um Grafikprogramme, Videobearbeitung, Büro-Software oder Spiele geht – das Software-Archiv von Linux Mint ist bestens gefüllt.

Sie werden unter Linux Mint zahlreiche Anwendungen finden, die Sie möglicherweise von Windows kennen, etwa den Webbrowser Firefox, den E-Mail-Client Thunderbird, oder die Office-Suite LibreOffice, die mit Microsoft-Office-Dokumenten sehr kompatibel ist. Zahlreiche weitere unter Windows bekannte Anwendungen lassen sich zudem aus dem Internet herunterladen und unter Linux Mint installieren.

Sollten Ihnen die Standard-Anwendungen unter Linux Mint nicht gefallen, gibt es viele Alternativen, mit denen Sie diese ersetzen können.

6.1 Standard-Anwendungen unter Linux Mint

In den folgenden Abschnitten finden Sie Standard-Anwendungen, die unter Linux Mint bereits vorinstalliert sind, also solche, die nötig sind, um mit dem Computer sinnvoll arbeiten zu können. Haben Sie bereits mit Ubuntu gearbeitet, werden Sie bei Linux Mint überrascht sein – hier sind so einige Anwendungen mehr vorinstalliert.

Informationen zum Dateimanager, der ebenfalls zu den Standard-Anwendungen gehört (Nemo unter Cinnamon, Caja unter Mate und Thunar unter XFCE), finden Sie in Kapitel 3.

6.1.1 Firefox – der Webbrowser

Firefox ist der Standard-Webbrowser unter Linux Mint. Er ist aufgebaut wie die meisten anderen Webbrowser auch – Sie finden am oberen Bildschirmrand ein Feld, in das Sie die gewünschte URL eingeben oder nach Begriffen im Internet suchen (siehe Abbildung 6.1).

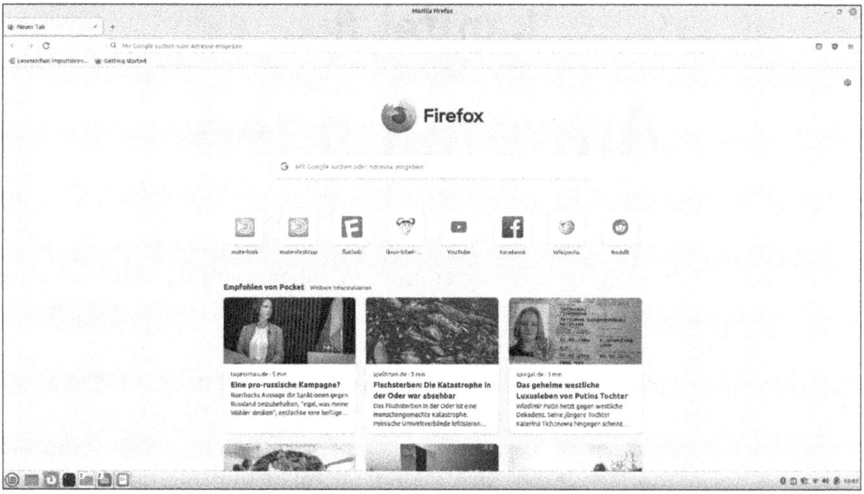

Abb. 6.1: Der Webbrowser Firefox

Standardmäßig nutzt Firefox unter Linux Mint Google als Suche für das Internet. Dies lässt sich jedoch problemlos in den Einstellungen ändern. Diese finden Sie unter dem Schalter rechts oben mit den drei Linien. Hier klicken Sie in der Liste links auf den Eintrag SUCHE und wählen bei »Standardsuchmaschine« die gewünschte Suchmaschine an (siehe Abbildung 6.2).

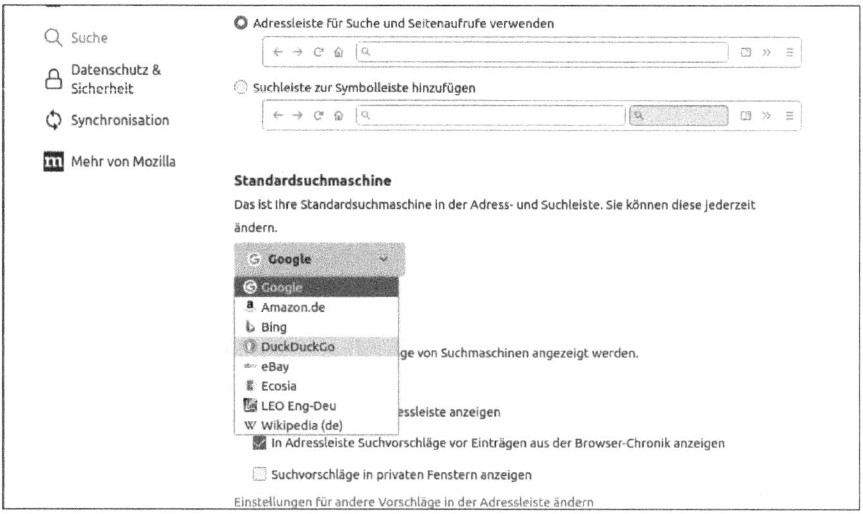

Abb. 6.2: Die Suchmaschine unter Firefox ändern

Wie viele andere Webbrowser auch, lässt sich Firefox durch sogenannte *Add-ons* erweitern. Solche Erweiterungen können Werbeblocker, Übersetzungshilfen für fremdsprachige Webseiten und vieles mehr sein. Sie können nach solchen Add-ons über das Menü (der Schalter ganz rechts oben) und den Eintrag ADD-ONS UND THEMES suchen. Alternativ durchstöbern Sie die Webseite *https://addons.mozilla.org/de/firefox/*. Die Installation gelingt ganz einfach per Mausklick auf den Schalter ZU FIREFOX HINZUFÜGEN. Anschließend fragt Firefox noch einmal nach, und Sie bestätigen die Installation (siehe Abbildung 6.3).

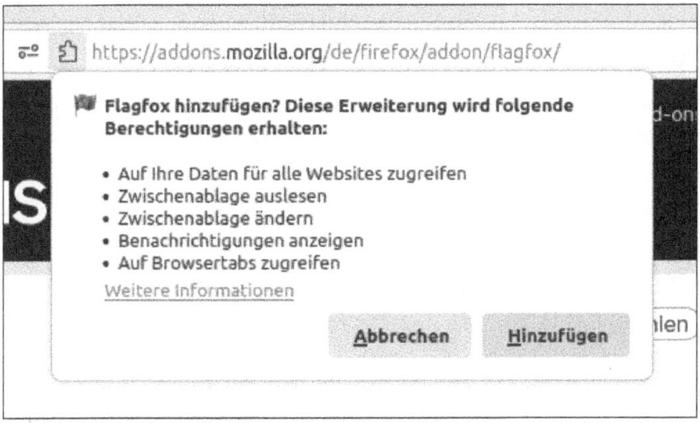

Abb. 6.3: Firefox mittels Add-ons erweitern

Firefox versteckt standardmäßig die Menüleiste und die Lesezeichenleiste, um Platz zu sparen. Dies ist aber gerade auf großen Bildschirmen nicht nötig. Man hat auf viele Funktionen und auf die Lesezeichen schneller Zugriff, wenn diese Leisten sichtbar sind.

Die Menüleiste öffnen Sie, indem Sie neben den aktuellen Reiter mit der rechten Maustaste klicken und den Eintrag MENÜLEISTE ANZEIGEN wählen. Anschließend lässt sich auch die Lesezeichenleiste über dasselbe Menü öffnen (siehe Abbildung 6.4).

Abb. 6.4: Lesezeichen und Menüleiste unter Firefox anzeigen

6.1.2 Thunderbird – der E-Mail-Client

Als E-Mail-Client ist das bekannte Programm Thunderbird unter Linux Mint vorinstalliert. Es ist einfach zu nutzen und schnell an Ihren E-Mail-Provider angepasst.

Viele Benutzer rufen ihre E-Mails noch immer über den Webbrowser ab – dies ist jedoch alles andere als komfortabel. Der Webbrowser ist träge und die Webseite des Anbieters muss immer geöffnet sein, ansonsten erreichen Sie die E-Mails nicht zeitgerecht, und schnell ist die Seite unabsichtlich geschlossen. Der E-Mail-Client läuft einfach nebenher, ist schnell und genau für seine Aufgaben angepasst.

Beim ersten Start geben Sie Ihre E-Mail-Adresse und das zugehörige Passwort ein – den Rest erledigt Thunderbird von selbst (Abbildung 6.5).

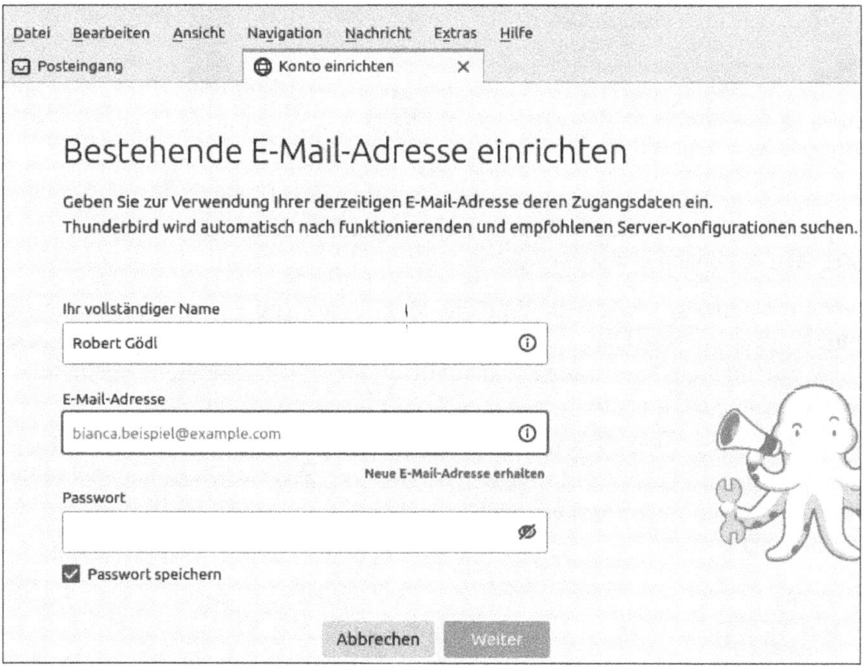

Abb. 6.5: E-Mail-Konto unter Thunderbird einrichten

Links finden Sie die Verzeichnis-Hierarchie Ihres E-Mail-Kontos. Ein Klick darauf öffnet die jeweiligen Ordner. Ein Klick auf einen E-Mail-Eintrag zeigt darunter dessen Inhalt an.

Mit den entsprechenden Schaltern oben erstellen Sie neue E-Mails oder durchsuchen die vorhandenen nach Schlagwörtern. Auch das Adressbuch ist dort zu finden. Mit den Schaltern direkt über der E-Mail beantworten oder löschen Sie nicht mehr benötigte Nachrichten.

In der Liste links lassen sich neue Ordner per Rechtsklick erstellen, sodass Sie Ihre E-Mails besser organisieren können. E-Mails ziehen Sie aus der Liste rechts ganz einfach in den gewünschten Ordner.

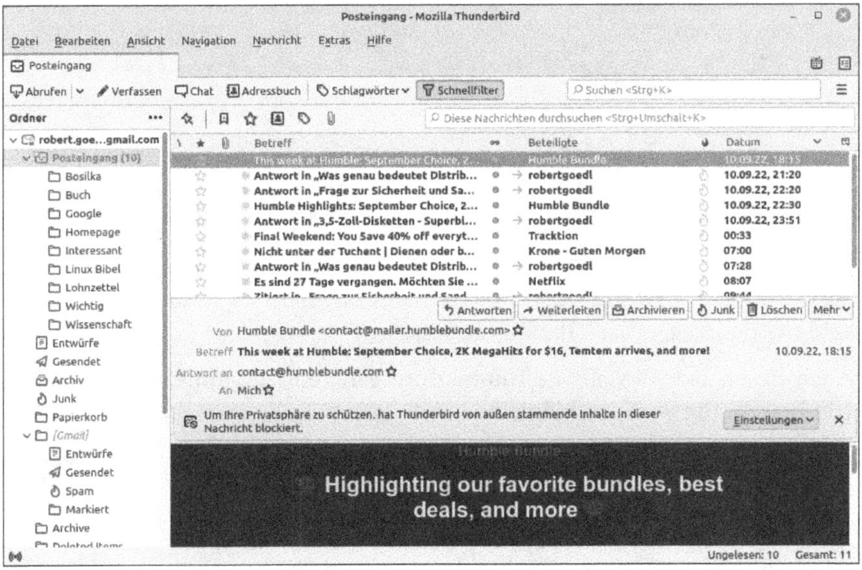

Abb. 6.6: Der E-Mail-Client Thunderbird

Standardmäßig ruft Thunderbird alle zehn Minuten Ihre E-Mails vom Server ab. Dies und mehr lässt sich in den Einstellungen anpassen. Sie finden die Einstellungen rechts oben über den Schalter mit den drei Linien und den Eintrag »Konten-Einstellungen«.

Hier finden Sie unter den »Server-Einstellungen« das Intervall, nach dem Thunderbird Ihre E-Mails abruft, und links in der Liste weitere Einstellungen. So finden sich unter dem Eintrag »Junk-Filter« auch die Einstellungen für den Spamfilter. Hier lässt sich unter anderem anpassen, was mit erkanntem Spam automatisch geschehen soll (siehe Abbildung 6.7).

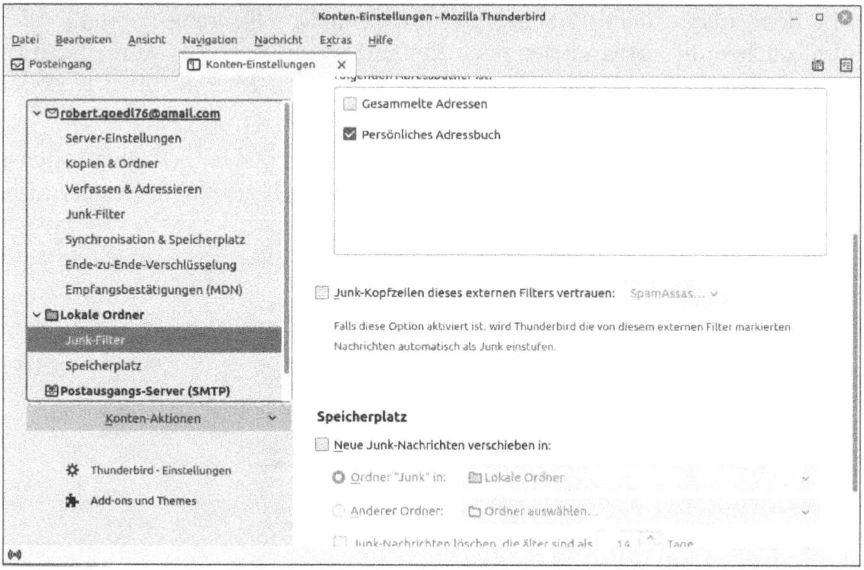

Abb. 6.7: Einstellungen unter Thunderbird (Spamfilter)

Auch lassen sich E-Mails in Thunderbird ganz einfach ohne die Installation von Erweiterungen verschlüsseln.

Info zur Verschlüsselung

Bei einer E-Mail handelt es sich um eine reine Textdatei. Diese wandert über den E-Mail-Server durch das Internet, so dass jeder mit dem nötigen Wissen sie lesen kann – etwa die Administratoren von E-Mail-Servern. Durch Verschlüsselung schieben Sie dem einen Riegel vor.

In den zuvor beschriebenen Einstellungen finden Sie unter anderem den Eintrag »Ende-zu-Ende-Verschlüsselung«. Hier klicken Sie auf den Schalter Schlüssel hinzufügen und wählen Neuen OpenPGP-Schlüssel hinzufügen. Im sich öffnenden Assistenten klicken Sie nur noch auf den Schalter Schlüssel erstellen.

Nachdem die Software den Schlüssel erstellt hat, lässt sich noch anpassen, ob Sie E-Mails automatisch verschlüsseln und/oder signieren möchten. Über den Schalter OpenPGP-Schlüssel verwalten können Sie Ihren öffentlichen Schlüssel per E-Mail an Ihre Kontakte versenden. Dieser wird benötigt, damit Ihnen verschlüsselte E-Mails gesendet werden können. Jemand, der Ihnen eine verschlüsselte E-Mail senden möchte, benötigt Ihren öffentlichen Schlüssel. Umgekehrt benötigen Sie den öffentlichen Schlüssel des Empfängers, um diesem eine verschlüsselte E-Mail zu senden. Den Rest (Verschlüsseln und Entschlüsseln) erledigt Thunderbird anschließend entweder automatisch oder, je nach Ihren Einstellungen, auch manuell über die Schalter VERSCHLÜSSELN und SIGNIEREN (siehe Abbildung 6.8).

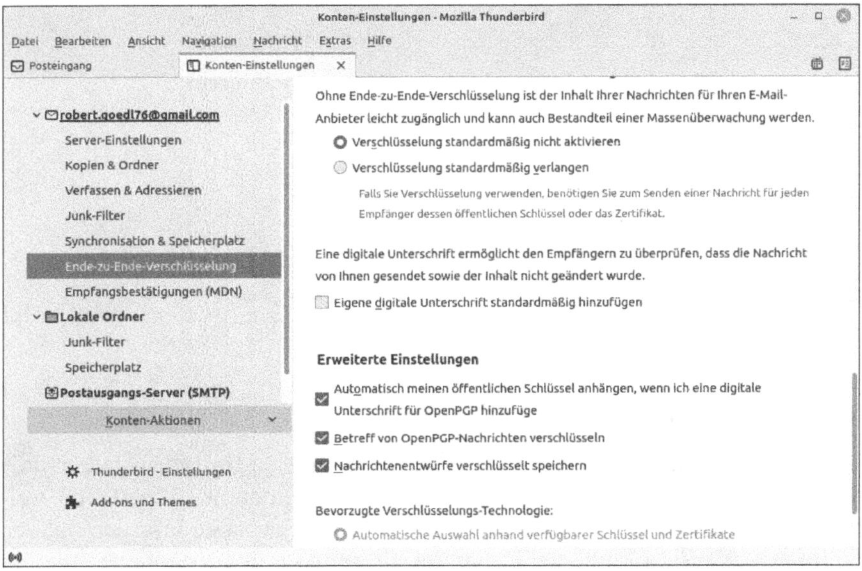

Abb. 6.8: Einstellungen zur Verschlüsselung von E-Mails unter Thunderbird

Signieren von E-Mails

Das Signieren von E-Mails verhindert zwar nicht, dass andere Ihre E-Mails lesen können, die Signatur zeigt dem Empfänger jedoch zumindest, dass die E-Mail wirklich von Ihnen stammt und nicht verändert wurde.

Thunderbird besitzt auch einen integrierten Kalender und eine Verwaltung für Aufgaben. An diese gelangen Sie rechts oben über die beiden Schalter ZUM KALENDER-TAB WECHSELN und ZUM AUFGABEN-TAB WECHSELN (Abbildung 6.9).

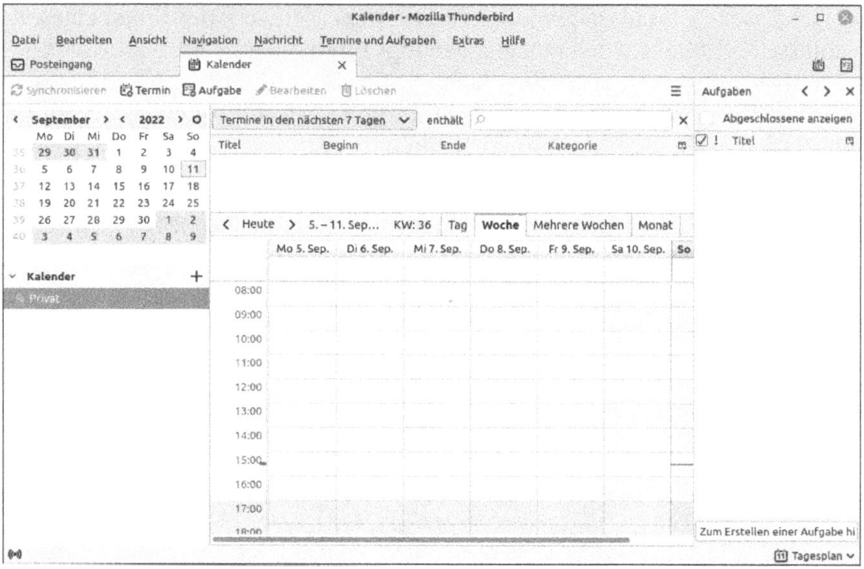

Abb. 6.9: Der Kalender in Thunderbird

6.1.3 LibreOffice – die Office-Suite

Auch eine vollständige Office-Suite ist unter Linux Mint vorinstalliert. Sie können damit unter Microsoft Office erstellte Dokumente öffnen und weiterbearbeiten und auch Dokumente in Microsoft-Formaten erstellen. Jedoch können sich die Dokumente, in der jeweils anderen Office-Suite geöffnet, in der Formatierung leicht unterscheiden. Auch unter Microsoft Office erstellte Makros lassen sich in LibreOffice nicht nutzen.

LibreOffice besteht aus folgenden Anwendungen:

- **LibreOffice Writer** – Textverarbeitung
- **LibreOffice Calc** – Tabellenkalkulation
- **LibreOffice Impress** – Präsentationen
- **LibreOffice Base** – Datenbanken
- **LibreOffice Draw** – Zeichnungen
- **LibreOffice Math** – Formeleditor

In Abbildung 6.10 sehen Sie einige Vorlagen von Microsoft Office unter LibreOffice.

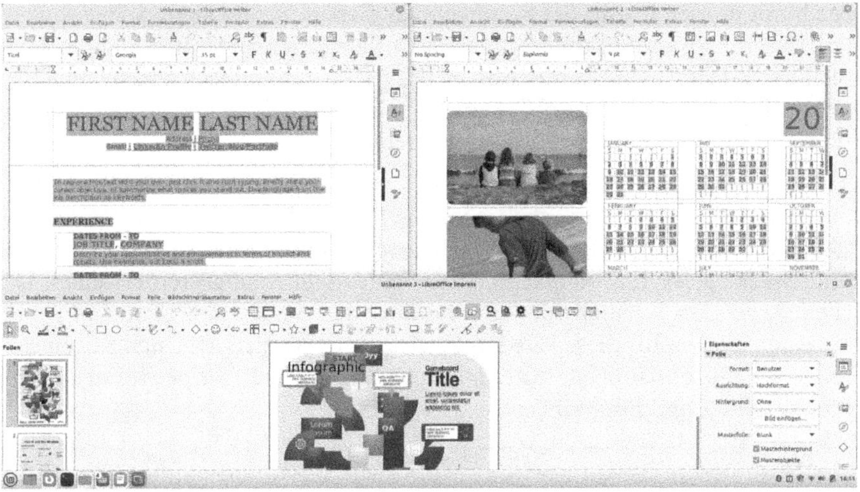

Abb. 6.10: Microsoft Office-Vorlagen unter LibreOffice

LibreOffice lässt sich durch Erweiterungen im Funktionsumfang ausbauen. Solche Erweiterungen finden Sie für alle möglichen Aufgaben unter *https://extensions.libreoffice.org/* zum Download. So können Sie etwa durch »LanguageTool« die Grammatik Ihrer Texte deutlich verbessern.

Um eine Erweiterung zu installieren, laden Sie diese herunter und öffnen Sie in LibreOffice das Menü EXTRAS|EXTENSION-MANAGER. Im sich öffnenden Fenster klicken Sie auf den Schalter HINZUFÜGEN. Es öffnet sich der Dateimanager. Sie navigieren zur heruntergeladenen Datei und wählen diese aus, womit sie installiert wird. Nach einem Neustart von LibreOffice ist die Erweiterung nutzbar.

6.1.4 Multimedia-Anwendungen

Je nach Desktop-Umgebung finden sich unter Linux Mint unterschiedliche Multimedia-Anwendungen vorinstalliert. Unter XFCE gibt es den Video- und Audio-Player Parole. Unter Mate ist Quod Libet zur Audio-Wiedergabe vorinstalliert, und als Video-Player unter Mate und Cinnamon dient Celluloid. Nutzen Sie die Desktop-Umgebung Cinnamon, ist Rhythmbox Ihr Audio-Player.

Rhythmbox ist die Standard-Anwendung zum Sammeln und Abspielen von Musikdateien unter Cinnamon. Egal, um welches Musik-Format (MP3, OGG, WMA ...) es sich handelt – Rhythmbox wird die Dateien abspielen.

Auch mit großen Musik-Sammlungen hat diese Software keine Schwierigkeiten. Ihre Musik wird in unterschiedlichen Kategorien angezeigt. Standardmäßig durchsucht Rhythmbox den von Linux Mint automatisch angelegten Ordner »Musik«. Weitere Ordner – etwa von externen Speichermedien – lassen sich ganz einfach per Mausklick importieren.

Angezeigt wird Ihre Musik nach Genre, Künstler und Titel. Mit einem Doppelklick spielen Sie eine Datei ab. Ziehen Sie Dateien links in die Warteschlange, stellen Sie sich damit eine Wiedergabeliste zusammen. Diese wird abgespielt und wieder geleert. Möchten Sie dauerhafte Wiedergabelisten erstellen, klicken Sie auf den Schalter mit dem Plus über der Warteschlange und vergeben Sie einen Namen für diese Wiedergabeliste. Ihre Wiedergabelisten zeigen sich unter dem gleichnamigen Eintrag. Dateien fügen Sie dieser per Kontextmenü hinzu (siehe Abbildung 6.11).

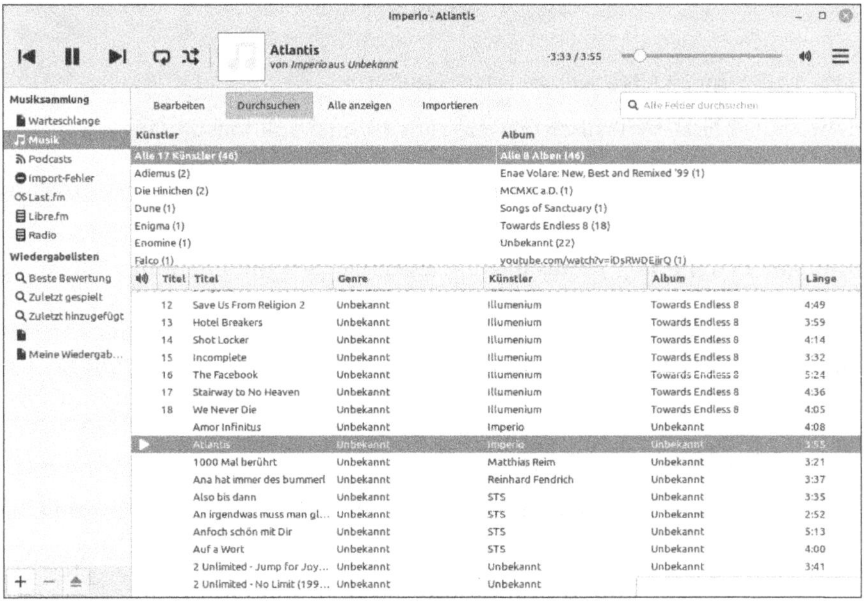

Abb. 6.11: Rhythmbox – Musik-Player unter Cinnamon

Mit einem Rechtsklick und der Wahl des Eintrags EIGENSCHAFTEN können Sie die Metadaten der jeweiligen Datei bearbeiten.

Metadaten

Metadaten sind in einer Datei enthaltene Informationen, die man meist nicht sieht. Eine Anwendung kann diese Metadaten jedoch nutzen, um Ihnen mehr Informationen über die Datei anzuzeigen. Je nach Dateiformat können dies unterschiedliche Arten von Informationen sein. Bei Musikdateien sind dies etwa der Künstler, das Album oder das Genre. Metadaten, die Sie mit Rhythmbox in Dateien speichern, sind auch in anderen Media-Playern sichtbar, etwa am Smartphone.

6.1.5 Hypnotix – Player für Internet-TV (IP-TV)

Unter Linux Mint ist eine Software für IP-TV – also für Internet-TV – vorinstalliert. Diese Software nennt sich Hypnotix. Damit können Sie sich im Internet frei verfügbare Fernsehkanäle ansehen.

Haben Sie die Software geöffnet, wählen Sie zu Beginn einen der Einträge »TV Channels« oder »Movies«, anschließend wählen Sie eines der verfügbaren Länder. Sie finden dann links eine Liste mit verfügbaren TV-Kanälen – ein Doppelklick spielt den jeweiligen Stream ab (siehe Abbildung 6.12).

Abb. 6.12: Hypnotix – IP-TV

6.1.6 Warpinator – Dateien im lokalen Netzwerk teilen

Haben Sie mehr als einen Rechner mit Linux Mint im lokalen Netzwerk, lassen sich Dateien und Verzeichnisse schnell und einfach mit der vorinstallierten Software Warpinator teilen. Sie finden diese Software im Anwendungsmenü unter der Kategorie »Zubehör«. Warpinator ist übrigens auch für Android, iOS und Windows verfügbar.

Sie starten die Software auf allen Rechnern und die Software erkennt diese automatisch. Sie wählen einfach den gewünschten Rechner oder das gewünschte Smartphone – siehe Abbildung 6.13.

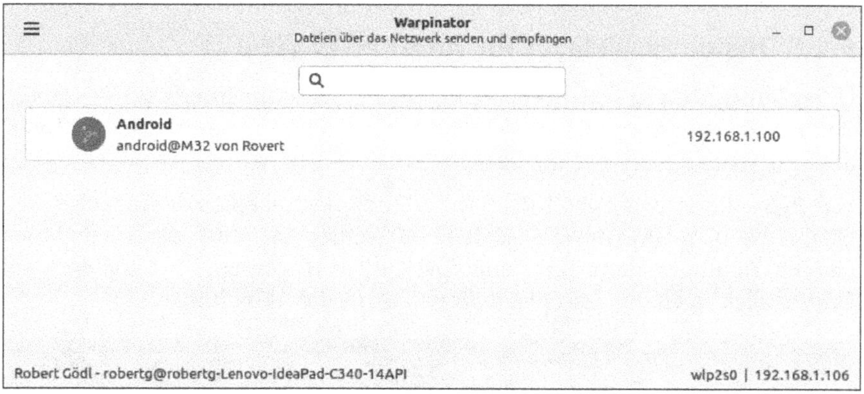

Abb. 6.13: Warpinator – Dateien an andere Geräte im lokalen Netzwerk senden

Anschließend öffnet sich das Übertragungsfenster. Sie klicken auf den Schalter DATEIEN SENDEN|DURCHSUCHEN und wählen das gewünschte Verzeichnis oder die Datei, das oder die gesendet werden soll. Die Übertragung geht anschließend automatisch vor sich (siehe Abbildung 6.14).

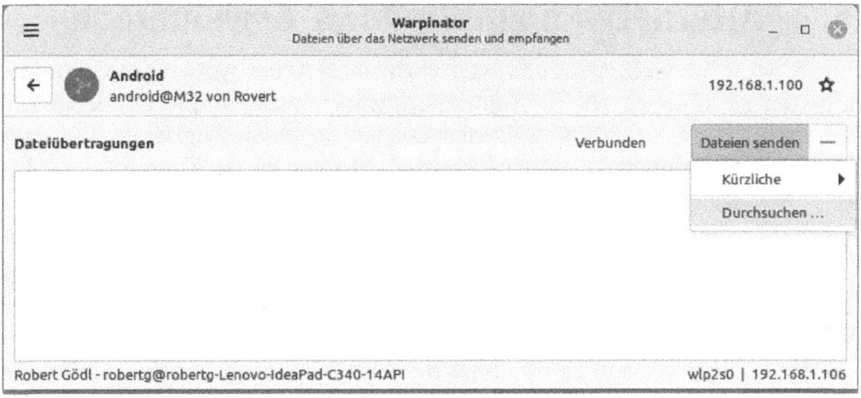

Abb. 6.14: Warpinator – Dateien zum Senden auswählen

6.1.7 Laufwerke – interne und externe Speichermedien formatieren

Mit der Software »Laufwerke« lassen sich unter Linux Mint ganz einfach interne und extern angeschlossene Speichermedien wie beispielsweise USB-Sticks oder externe Festplatten formatieren.

Sie wählen den jeweiligen Datenträger in der Liste links und klicken anschließend auf das Zahnrad unter der grafischen Darstellung. Im sich öffnenden Kontextmenü wählen Sie zum Formatieren den Eintrag PARTITION FORMATIEREN und folgen dem Dialog (siehe Abbildung 6.15).

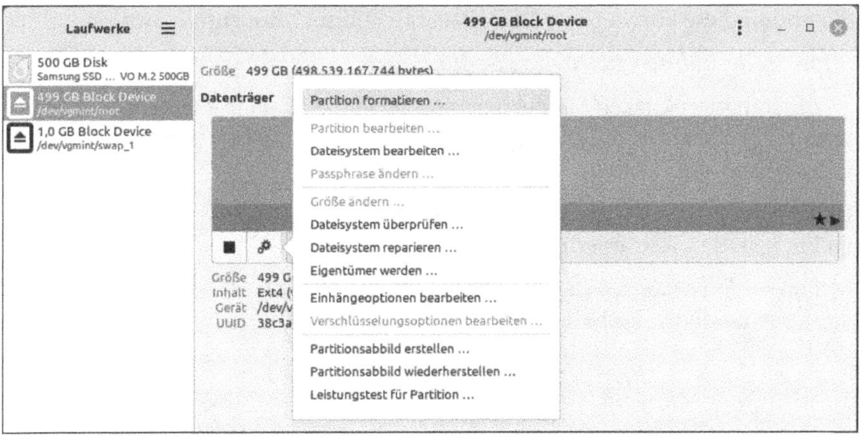

Abb. 6.15: Laufwerke – interne und externe Speichermedien unter Linux Mint formatieren

6.2 Alternativen zu Windows-Anwendungen

Linux Mint hat viele Anwendungen vorinstalliert, um mit einem Computer arbeiten zu können. Wie Sie weitere Software installieren, lesen Sie ab Abschnitt 5.2. Da Linux Mint auf Debian basiert, haben Sie Zugriff auf Tausende weitere Anwendungen. Zusätzliche Software finden Sie per Flatpak (siehe Abschnitt 5.2.2) und Snap (Abschnitt 5.2.1).

In diesem Abschnitt finden Sie Alternativen zu unter Microsoft Windows häufig genutzten Anwendungen. Viele Alternativen lassen sich unter Linux Mint über die Software-Verwaltung installieren, andere können Sie aus dem Internet herunterladen. Zahlreiche freie Anwendungen stehen ihren kommerziellen Pendants unter Windows in nichts nach, einige bieten sogar mehr professionelle Funktionen.

6.2.1 Master PDF Editor – Alternative zu Adobe Acrobat Pro

Master PDF Editor ist eine professionelle Alternative zur bekannten PDF-Suite unter Windows. Mit dem Master PDF Editor lassen sich PDF-Dateien erstellen und beispielsweise mit ausfüllbaren Feldern und Schaltern versehen.

Master PDF Editor ist keine freie Software, aber Sie können sie kostenlos und in den Funktionen uneingeschränkt nutzen. In der Gratis-Version wird dem erstellten PDF jedoch ein Wasserzeichen hinzugefügt. Möchten Sie das Programm ohne diese Wasserzeichen nutzen, müssen Sie eine Lizenz für rund 65 € erwerben. Im Gegensatz zu Adobe Acrobat Pro als Abo ist das aber immer noch ein Schnäppchen.

Sie finden diese Software als DEB-Paket für Linux Mint zum Download unter:

https://code-industry.net/free-pdf-editor/#get

Zur Installation klicken Sie die heruntergeladene Datei mit der rechten Maustaste an und wählen Sie im Kontextmenü den Eintrag ÖFFNEN MIT GDEBI-INSTALLATIONS-PROGRAMM (siehe Abbildung 6.16).

Im sich öffnenden Fenster brauchen Sie nur noch auf den Schalter INSTALLIEREN zu klicken, den Rest erledigt das System.

Mit dieser Software lassen sich nicht nur neue PDF-Dateien erstellen, sondern auch vorhandene bearbeiten (siehe Abbildung 6.17).

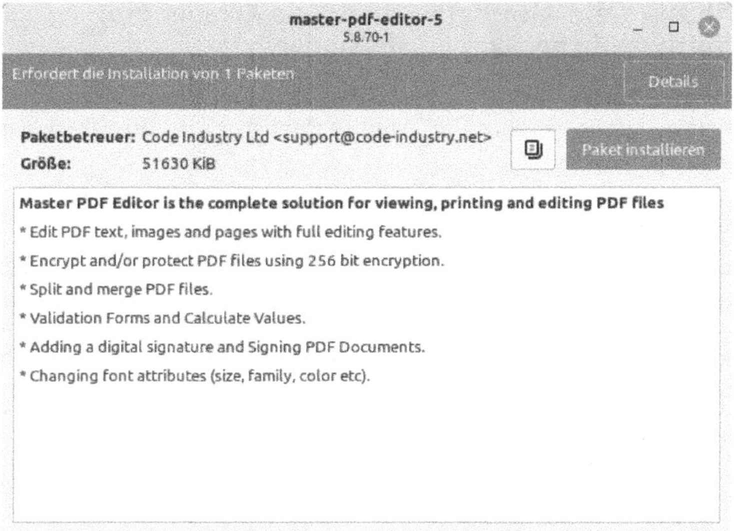

Abb. 6.16: Master PDF Editor unter Linux Mint installieren

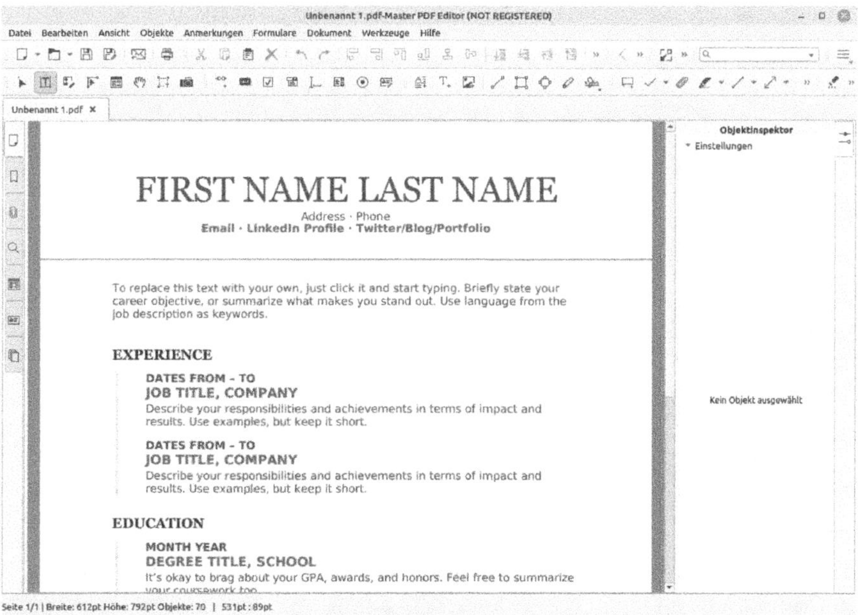

Abb. 6.17: Master PDF Editor – Alternative zu Adobe Acrobat Pro

6.2.2 Scribus – freie Alternative zu Adobe Acrobat Pro, Affinity Publisher und VivaDesigner

Im Gegensatz zu Master PDF Editor ist Scribus freie Software. Scribus kann als Alternative zu Adobe Acrobat Pro, Affinity Publisher oder VivaDesigner gesehen werden.

Mit Scribus erstellen Sie PDF-Dateien mit Schaltern und ausfüllbaren Feldern, aber auch Werbe-Flyer oder Zeitschriften. Scribus ist zwar etwas umständlich zu bedienen, bringt nach ein bisschen Einarbeitungszeit jedoch sehr professionelle Ergebnisse. Sie installieren diese Software unter Linux Mint über die Software-Verwaltung als Debian-Paket. Installieren Sie zusätzlich das Paket »scribus-template«, werden weitere Vorlagen installiert.

Zu Beginn legen Sie die Art des zu erstellenden Dokuments fest. Alternativ nutzen Sie eine der vorhandenen Vorlagen (siehe Abbildung 6.18).

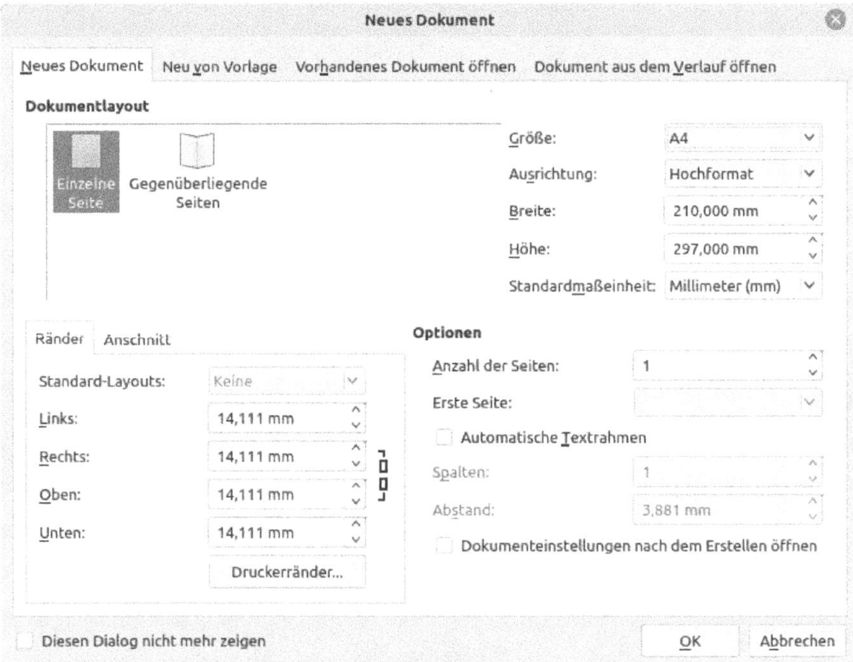

Abb. 6.18: Scribus – Ffreie Alternative zu Adobe Acrobat Pro

Scribus arbeitet mittels Text- und Bilderrahmen. Dies bedeutet, Sie wählen im Editor den gewünschten Rahmen über Schaltflächen aus und ziehen diesen wie gewünscht auf. In diesen Rahmen schreiben Sie anschließend den Text oder fügen das Bild ein. Per Kontextmenü passen Sie anschließend die Eigenschaften an.

Passt Text nicht in einen Rahmen, verknüpfen Sie einfach mehrere Rahmen per Kontextmenü miteinander. Der Text fließt dann automatisch in den nächsten Rahmen über. Die Eigenschaften von Bildern passen Sie ebenfalls über das Kontextmenü per Rechtsklick an – dort nehmen Sie auch die Formatierung von Text vor.

Zu Beginn mag die Arbeit mittels Rahmen und Kontextmenü etwas umständlich erscheinen. Diese Art zu arbeiten zeigt aber schnell die Vorzüge von Scribus: Alles lässt sich ändern und anpassen, ohne andere Bestandteile des Dokuments zu beeinflussen.

Ganz rechts in der Werkzeugleiste finden Sie übrigens die Werkzeuge für Schalter und deren Eigenschaften und Felder mit all den nötigen Optionen. Auch Schalter und Felder fügen Sie erst als Rahmen ein, anschließend bestimmen Sie per Kontextmenü deren Eigenschaften.

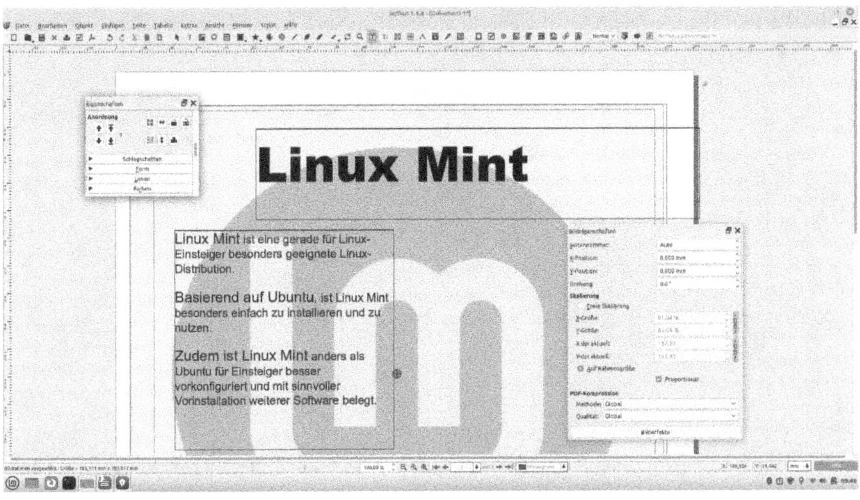

Abb. 6.19: Scribus – freie Alternative zu Adobe Acrobat Pro

6.2.3 Onlyoffice – Alternative zu Microsoft Office

LibreOffice (siehe Abschnitt 6.1.3) ist zwar die unter Linux Mint vorinstallierte Office-Suite, diese hat aber immer wieder Probleme mit komplexen Formatierungen aus Microsoft Office. Hier setzt die ebenfalls freie Software Onlyoffice an. Egal, ob in Onlyoffice oder in Microsoft Office erstellt, die Dokumente sehen in beiden Programmen immer gleich aus. Probleme mit der Kompatibilität kennt Onlyoffice nicht.

Sie installieren die Software ganz einfach über die Software-Verwaltung als Flatpak-Paket. Als Administrator am Terminal (siehe Abschnitt 4.3) verwenden Sie diesen Befehl:

```
sudo flatpak install flathub org.onlyoffice.desktopeditors
```

Onlyoffice verfügt über eine Textverarbeitung, eine Tabellenkalkulation und eine Software zur Präsentation. Eine Anwendung zur Bearbeitung von Grafiken und mathematischen Formeln sowie einer Anbindung an Datenbanken fehlt Onlyoffice allerdings. Onlyoffice lässt sich jedoch, wenn gewünscht, problemlos neben LibreOffice betreiben.

Anders als LibreOffice zeigt sich Onlyoffice im Anwendungsmenü unter nur einem Eintrag. Dieser nennt sich »Onlyoffice Desktop Editors«. Es öffnet sich ein Fenster, über das Sie dann die gewünschte Anwendung starten (Abbildung 6.20).

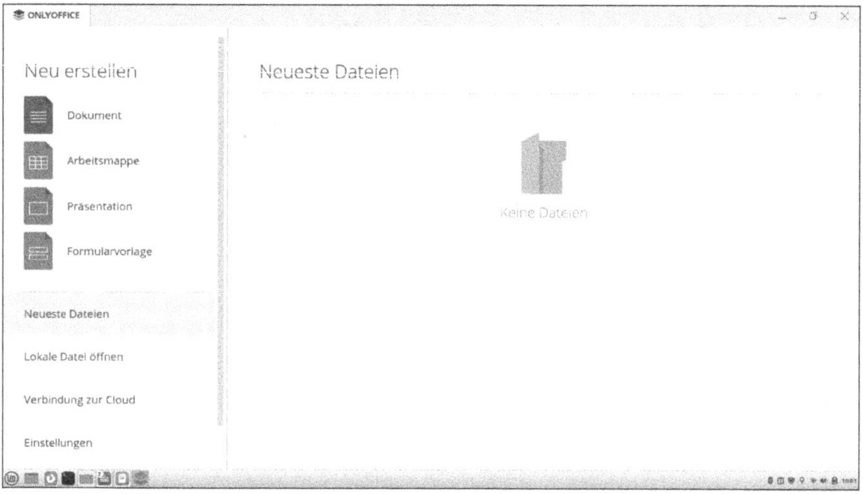

Abb. 6.20: Onlyoffice – Alternative zu Microsoft Office unter Linux Mint

Als Erstes ändern Sie über den Schalter SETTINGS unten links die Sprache auf Deutsch und klicken dann auf den Schalter ANWENDEN. Die Anwendung stellt sich ohne Neustart auf Deutsch um.

Über die jeweiligen Schalter oben links erstellen Sie neue Dokumente, über LOKALE DATEI ÖFFNEN öffnen Sie bereits vorhandene Dokumente.

Neben lokalen Dokumenten kann das Programm auch mit solchen aus der Cloud umgehen, etwa, indem die firmeneigene Onlyoffice-Cloud genutzt wird. Diese ist jedoch vorwiegend für Unternehmen gedacht und dementsprechend teuer. Onlyoffice lässt sich jedoch auch mit zahlreichen anderen Online-Speichern verbinden, unter anderem mit kostenlosen Diensten wie etwa Nextcloud oder ownCloud. Den passenden Schalter hierzu finden Sie unter VERBINDUNG ZUR CLOUD.

Im Vergleich zu LibreOffice ist Onlyoffice optisch moderner gehalten. So nutzt Onlyoffice ohne weitere Konfiguration sogenannte *Menü-Bänder* (»Ribbons«) wie auch Microsoft Office (siehe Abbildung 6.21 mit einer Vorlage von Microsoft Office).

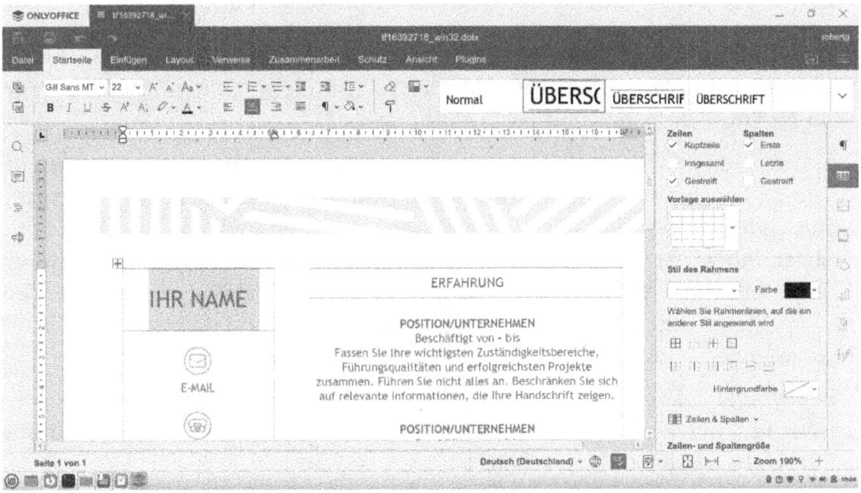

Abb. 6.21: Onlyoffice – Alternative zu Microsoft Office unter Linux Mint

6.2.4 GIMP – Alternative zu Photoshop

Photoshop ist die unter Microsoft Windows wohl am häufigsten genutzte Software zum Bearbeiten von Fotos. Unter Linux können Sie derzeit nur ältere

Versionen dieses Programms unter Wine (siehe Abschnitt 5.5.1) installieren. Aktuellere Versionen lassen sich momentan nicht verwenden, da die Software zu kompliziert aufgebaut ist, um unter Wine zu funktionieren.

GIMP wird zu Unrecht als nur sehr einfache Bildbearbeitung und nicht mit Photoshop ebenbürtig bezeichnet. Die meisten Benutzer sehen jedoch nur oberflächlich auf diese Software und finden entsprechende Einträge für die gesuchten Funktionen nicht in den Menüs. GIMP ist eine Alternative und kein Nachbau von Photoshop. Es hat ähnliche Funktionen, diese finden sich aber meist in anderen Menüs. Hat man die Umgewöhnung erst einmal geschafft, ist GIMP Photoshop nicht wirklich unterlegen. Auch lassen sich unter Photoshop erzeugte Dateien mit GIMP weiterbearbeiten.

GIMP ist unter Linux Mint bereits vorinstalliert. Sie erhalten GIMP so mit seinen Basis-Funktionen. Wollen Sie weitere Funktionen wie etwa zusätzliche Filter und Pinsel, können sie diese nachinstallieren. Dies gelingt am schnellsten über das Terminal (siehe Abschnitt 4.3) mit den folgenden Befehlen:

```
sudo apt-get update
sudo apt-get install gimp-data-extras gimp-plugin-registry
```

GIMP lässt sich sowohl im Ein-Fenster-Modus betreiben als auch im Mehr-Fenster-Modus. Der Ein-Fenster-Modus ist vor allem dann vorteilhaft, wenn man an Photoshop gewöhnt ist (Abbildung 6.22).

Im Mehr-Fenster-Modus wird das einzelne Fenster in drei Fenster aufgeteilt: In einem Fenster liegen die Werkzeuge, in einem weiteren das eigentliche Bild, und es gibt noch ein Fenster mit den Ebenen, Pfaden und Pinseln. Der Mehr-Fenster-Modus ist vor allem dann hilfreich, wenn Sie mehrere Bildschirme am Computer angeschlossen haben. So legen Sie beispielsweise die beiden kleinen Fenster mit den Werkzeugen auf einen Monitor und das zu bearbeitende Bild auf einen anderen.

Um zwischen dem Ein-Fenster-Modus und dem Mehr-Fenster-Modus umzuschalten, nutzen Sie das Menü FENSTER|EINZELFENSTER-MODUS (siehe Abbildung 6.23). Über dasselbe Menü schalten Sie wieder zurück.

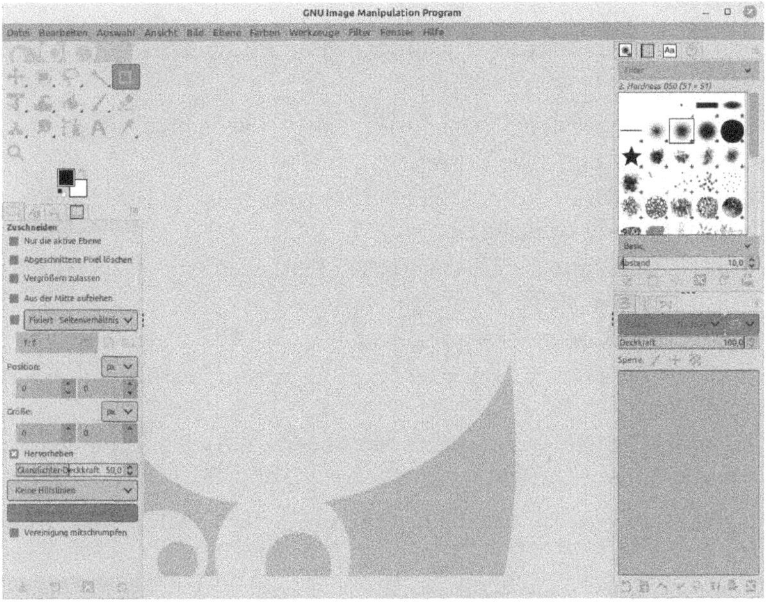

Abb. 6.22: Bildbearbeitung GIMP im Ein-Fenster-Modus

Abb. 6.23: Bildbearbeitung GIMP im Mehr-Fenster-Modus

GIMP erweitern

Sie können GIMP mit zusätzlichen Funktionen erweitern. Dies funktioniert mit Paketen aus der Software-Verwaltung:

- **gimp-data-extras** – weitere Pinsel, Farb-Paletten, Gradienten
- **gimp-plugin-registry** – viele Erweiterungen aller Art
- **gimp-dds** – DirectDraw Surface (ein von Microsoft eingeführtes Dateiformat für Texturen und Grafiken)
- **gimp-gluas** – LUA (mit der Skriptsprache LUA lassen sich eigene Skripte zum Bildbearbeiten erstellen)
- **gimp-gap** – Animationen (bewegte Bilder, wie etwa GIF-Dateien)
- **gimp-gmic** – Grey's Image Converter (viele Filter zum Bearbeiten/Verbessern von Bildern)
- **gimp-lensfun** – Lensfun (verbessern von Bildern, die mit nicht qualitativ hochwertigen Kameras erstellt wurden)

Weiterhin gibt es viele Webseiten, die Erweiterungen für GIMP kostenlos anbieten – etwa:

- *http://gimpfx-foundry.sourceforge.net/*
- *https://gimp-portable.com/script-bundle-for-gimp-download-install/*
- *https://www.gimphelp.org/script210.html* und
- *https://www.deviantart.com/search?q=gimp*.

Als Erstes sollten Sie wissen, dass es mehrere Arten von Erweiterungen für GIMP gibt, und zwar Plug-ins, Module, Skripte und Filter. Plug-ins und Module sind fix integrierte Funktionen. Skripte sind flexible Erweiterungen, die man schnell tauschen kann, und Filter erfüllen diverse kleinere Funktionen. Sie entpacken die heruntergeladenen Erweiterungen per Rechtsklick und verschieben die entpackten Ordner in die jeweils dafür vorgesehenen (versteckten!) Ordner in Ihrem Home-Verzeichnis (Sie machen diese sichtbar, indem Sie im Dateimanager die Tastenkombination `Strg`+`H` drücken).

Hier öffnen Sie den versteckten Ordner `.config/GIMP/2.10/` und verschieben die Dateien in die passenden Unterverzeichnisse:

- **plug-ins** – Plug-ins
- **scripts** – Skripte
- **modules** – Module

- **brushes** – Pinsel
- **filters** – Filter

Um welche Art von Erweiterung es sich handelt, lesen Sie in der Textdatei zur Beschreibung der heruntergeladenen Erweiterung.

Skripte müssen Sie nach dem Verschieben in den versteckten Ordner zusätzlich ausführbar machen. Dies gelingt am schnellsten am Terminal mit dem Befehl:

```
chmod +x /home/benutzer/.config/GIMP/2.10/scripts/*
```

Plug-ins finden Sie meist nicht als fertige Anwendungen vor, sondern als Dateien mit der Endung ».c«. Diese müssen Sie dann selbst kompilieren. Dazu installieren Sie über die Software-Verwaltung oder am Terminal das Paket namens »libgimp2.0-dev«:

```
sudo apt-get install libgimp2.0-dev
```

Anschließend öffnen Sie das Terminal im entpackten Ordner (Rechtsklick an eine freie Stelle im Ordner und IM TERMINAL ÖFFNEN). Hier starten Sie den Befehl:

```
gimptool-2.0 --install dateiname.c
```

`dateiname` ersetzen Sie hierbei durch den Namen der Datei mit der Endung ».c« – den Rest erledigt das System.

6.2.5 GNU Paint – Alternative zu Microsoft Paint

Für kleine Korrekturen an Fotos oder um etwa Text in Bilder einzufügen, ist GIMP überdimensioniert. Hier genügt oft eine kleinere Anwendung. Unter Windows nimmt man für solche Aufgaben gerne Microsoft Paint. Eine Alternative unter Linux Mint ist GNU Paint.

Sie installieren GNU Paint über die Softwareverwaltung durch das Paket »gpaint«. Die Funktionen sind ähnlich einfach gehalten wie die des Microsoft-Pendants (Abbildung 6.24).

Abb. 6.24: GNU Paint – Eeinfache Bildbearbeitung unter Linux Mint

6.2.6 Darktable – Alternative zu Adobe Lightroom

Digitalkameras nehmen ohne weitere Einstellungen Fotos im JPEG-Format auf. Dies bedeutet, die Kamera-Software übernimmt die Entwicklung der Fotos. Je nach Hersteller ist die Qualität dann besser oder schlechter, wobei moderne Objektive meist bessere Ergebnisse liefern.

Roh-Fotos (z.B. im RAW-Format) hingegen werden so im Speicher der Kamera gespeichert, wie das Objektiv, also die Hardware der Kamera, die Umgebung wirklich wahrnimmt. Sie selbst übernehmen dann die Entwicklung. Mit der richtigen Software gelingt dies fast automatisch. Die Farben und Kontraste erscheinen im entwickelten Bild dann viel natürlicher und es wirkt realistischer. Sie können die Entwicklung in der Software natürlich auch beeinflussen.

Unter Windows ist für die Entwicklung von Roh-Bildern vor allem Lightroom von Adobe im Einsatz. Dieses Programm gibt es unter Linux nicht – Darktable ist jedoch ein großartiger Ersatz und auch von Fotografen entwickelt.

Sie installieren Darktable unter Linux Mint über die Softwareverwaltung. Es ist als DEB- wie auch als Flatpak-Paket verfügbar. Die Flatpak-Version belegt mehr Platz auf der Festplatte, ist aber meist aktueller.

Roh-Fotos

Roh-Fotos haben meist die Dateiendung ».dng«. Dies kann je nach Hardware-Hersteller aber variieren. Solche Dateien belegen deutlich mehr Platz auf der Festplatte als normale JPEG-Fotos. Das liegt an den enthaltenen Daten, die alles beinhalten, was die Digitalkamera aufgezeichnet hat. Die Dateigröße wird erst dadurch verringert, dass die Kamera-Software bestimmte Daten entfernt. Welche Daten entfernt werden, liegt am Hersteller. Dies bringt zum Beispiel einmal mehr und einmal weniger kräftige Farben. Entwickeln Sie Roh-Bilder selbst, bestimmen Sie auch selbst, was dabei herauskommt.

Die Software folgt nicht unbedingt Standard-Anwendungen – Sie finden so gut wie keine großen Schalter. Links besteht in Untermenüs die Möglichkeit, Roh-Fotos zu importieren – Darktable unterstützt alle bekannten Dateiformate dieser Art. Nach dem Import finden Sie diese im mittleren Teil des Fensters (siehe Abbildung 6.25).

Abb. 6.25: Darktable – Alternative zu Adobe Lightroom unter Linux Mint

Klicken Sie in der Übersicht ein Foto doppelt an, wird dieses in vergrößerter Ansicht angezeigt. Der Rest der Fotos landet darunter in einem Foto-Streifen.

Rechts finden Sie nun die unterschiedlichen Möglichkeiten, die Fotos zu entwickeln. Sie öffnen einen Eintrag mit einem Klick und bearbeiten die Fotos durch Verschieben der vorhandenen Regler.

Durch das Öffnen eines Bilds, also dem Vergrößern eines solchen, wird links ein weiteres Menü geöffnet. Über dieses lassen sich bearbeitete Fotos in das bekannte JPEG-Format exportieren (siehe Abbildung 6.26).

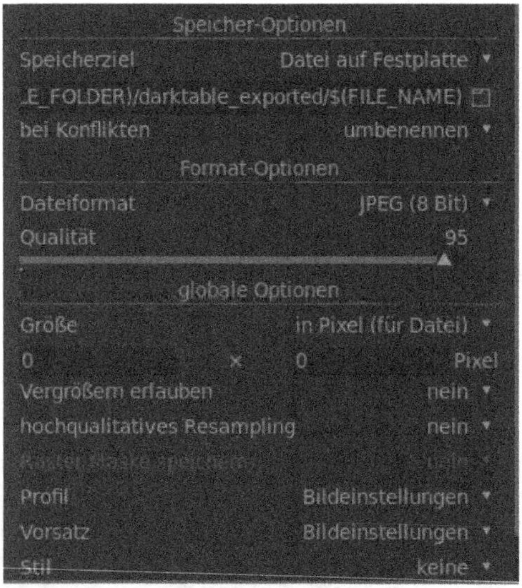

Abb. 6.26: DNG-Datei mit Darktable exportieren

6.2.7 Evolution – Verbindung zu Microsoft Exchange (Office 365)

In Unternehmen wird heute zur Kommunikation meist Microsoft Exchange genutzt. Kontakte und Kalender werden so über das Netzwerk aktuell gehalten.

Unter Linux war die Anbindung zu Microsoft Exchange lange Zeit reine Glückssache. Inzwischen gelingt dies über Plug-ins recht problemlos. Das Programm Evolution vereinfacht den ganzen Vorgang und passt außerdem optisch zur grafischen Umgebung von Linux Mint.

Sie installieren Evolution über die Softwareverwaltung. Wichtig im Zusammenhang mit Microsoft Exchange: Installieren Sie das Debian-Paket »evolution-ews«. Dies gelingt am schnellsten auf dem Terminal mit den Befehlen:

```
sudo apt update
sudo apt install evolution-ews
```

Normales E-Mail-Konto (ohne Exchange)

Nach der Installation von Evolution und des Plug-ins starten Sie das Programm und richten Ihr Konto ein. Dazu geben Sie einfach Ihren Namen und Ihre E-Mail-Adresse ein und bestätigen mit VORWÄRTS – den Rest übernimmt der E-Mail-Client (siehe Abbildung 6.27).

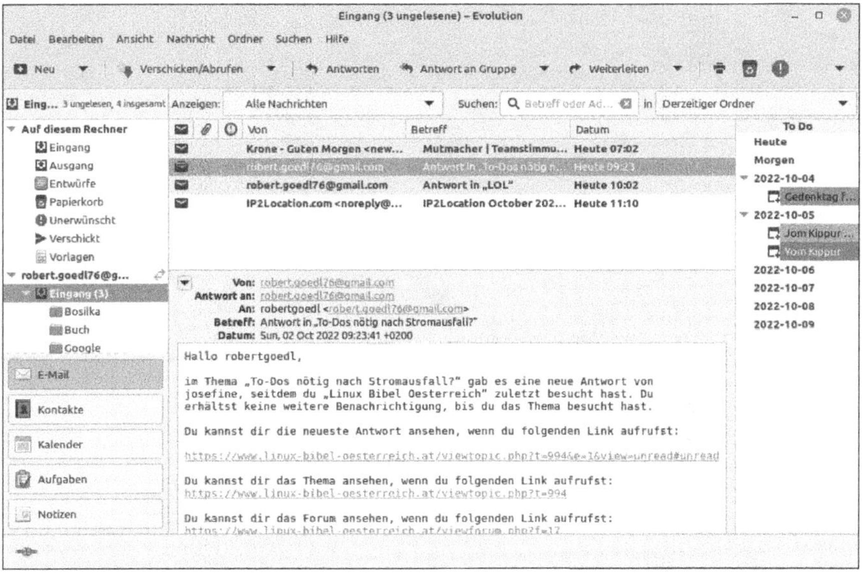

Abb. 6.27: Der E-Mail-Client Evolution

E-Mail-Konto mit Exchange (Office 365)

Um ein E-Mail-Konto mit Exchange-Funktion zu erstellen, starten Sie Evolution und geben in den Einstellungen zum Server »Exchange-Webdienste« an. Weiter geht es mit den folgenden Einstellungen:

- **Benutzername** – Ihre E-Mail-Adresse.
- **Rechneradresse** – Die Adresse des Exchange-Servers. Anschließend klicken Sie auf den Schalter ADRESSE HOLEN. Die Software vervollständigt die Adresse dann automatisch im darunterliegenden Feld »OAB-Adresse«.
- **Legitimierung** – Mit dem Schalter PRÜFEN, WELCHE ARTEN UNTERSTÜTZT WERDEN passen Sie nun die Art der Authentifizierung an. Durch Klicken auf den Schalter gelingt dies automatisch.

Nach einem Klick auf WEITER ist die Software mit Microsoft Exchange oder Office 365 verbunden (Abbildung 6.28).

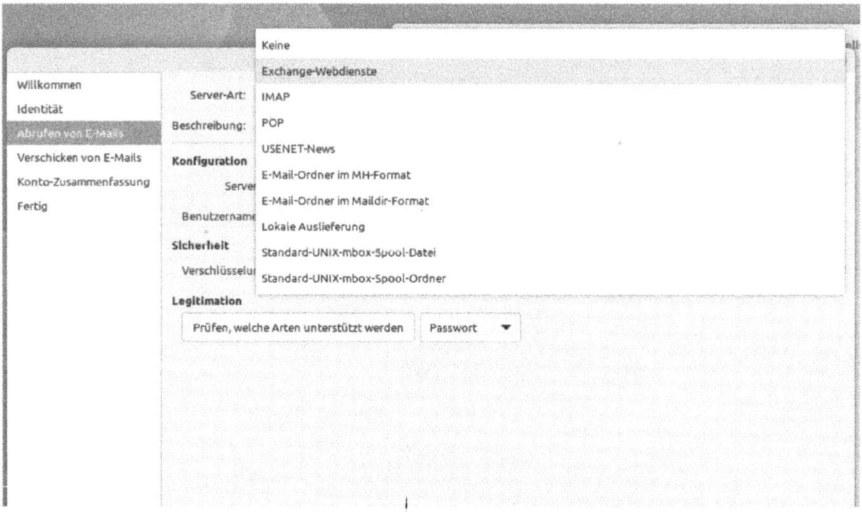

Abb. 6.28: Microsoft Exchange oder Office 365 unter Evolution einrichten

6.2.8 digiKam – Alternative zu ACDSee Photo Studio und ähnlichen Fotosammlungen

digiKam ist eine Software zum Sammeln und Organisieren von Fotos.

Zu deren vielen Funktionen zählen das Organisieren mittels Geodaten (GPS), die Gesichtserkennung und das Suchen ähnlicher Fotos. Dazu lassen sich Fotos nach Datum ordnen und anzeigen und auch Alben erstellen.

Mit der integrierten Bildbearbeitung können Fotos einzeln bearbeitet und verbessert werden. Zudem verfügt digiKam über eine Stapelverarbeitung, mit der Sie mehrere Bilder gleichzeitig mit denselben Funktionen bearbeiten können, etwa, um ein Wasserzeichen einzufügen.

Beim ersten Start fragt die Software, ob sie diverse Engines, also Hintergrunddienste, herunterladen darf, etwa für die Gesichtserkennung. Dies sollten Sie mit Ja bestätigen. Anschließend öffnet sich das eigentliche Programm (Abbildung 6.29).

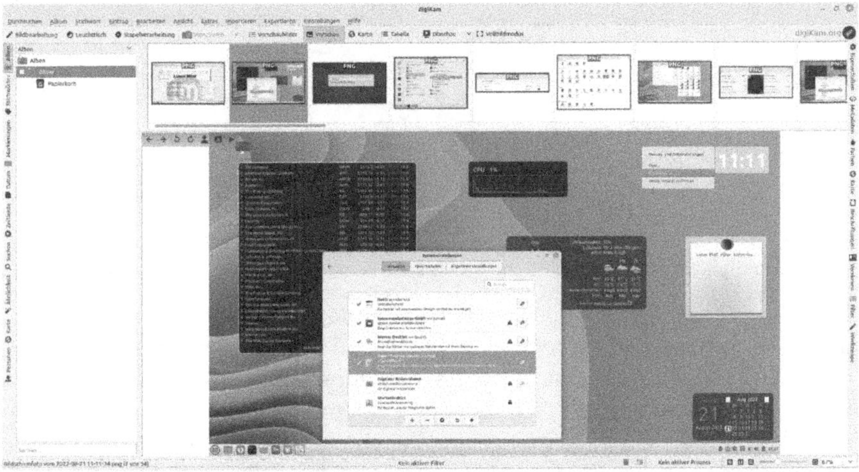

Abb. 6.29: Anwendung zum Sammeln und zur Bearbeitung von Fotos

Zu Beginn zeigt die Software Ihre Fotos in einer Übersicht – standardmäßig das zuletzt geöffnete Album. In digiKam werden Ordner als *Alben* bezeichnet. Die unterschiedlichen Alben zeigt digiKam links in der Liste.

Klicken Sie ein Foto doppelt an, öffnet sich dieses vergrößert im unteren Bereich. Die weiteren Bilder des Albums zeigen sich oben in einem Fotostreifen.

Über das Menü Durchsuchen lassen sich Ihre Fotos nach unterschiedlichen Methoden kategorisieren und bewerten. Werkzeuge gibt Ihnen die Möglichkeit, unter anderem aus ausgewählten Fotos einen Kalender oder Panorama-Fotos zu erstellen. Im selben Menü lässt sich über den Bild-Editor das aktuell markierte Foto bearbeiten oder über die Stapelverarbeitung mehrere Fotos zur selben Zeit bearbeiten – siehe Abbildung 6.30.

Abb. 6.30: digiKam-Stapelverarbeitung – mehrere Bilder mit digiKam auf einmal bearbeiten

Die Stapelverarbeitung funktioniert recht einfach: Sie markieren in digiKam die gewünschten zu bearbeitenden Fotos und anschließend nutzen Sie das Menü WERKZEUGE|STAPELVERARBEITUNG. Im sich öffnenden Fenster wählen Sie unten rechts die gewünschten Werkzeuge per Doppelklick aus. Oben in der Mitte klicken Sie eines der Werkzeuge an, rechts daneben finden Sie anschließend die zugehörigen Einstellungen. Mit einem Klick auf den Schalter START links oben starten Sie den Vorgang.

6.2.9 Kdenlive – Alternative zu Adobe Premiere

Eine Alternative zu Adobe Premiere ist Kdenlive. Hierbei handelt es sich um eine sehr umfangreiche Anwendung. Mehr professionelle Funktionen finden Sie unter keiner anderen Videobearbeitung unter Linux. Sie installieren Kdenlive über die Softwareverwaltung.

Nach dem Öffnen ziehen Sie die gewünschten Videos samt passenden Audio-Dateien, wenn vorhanden, ins Dateifenster links oben.

Anschließend ziehen Sie die Videos und Audio-Dateien in die Video- und Audiospuren ganz unten. Hier lassen sich mehrere Videos nebeneinander zum Zusammenfügen auf eine einzelne Spur setzen, ebenfalls natürlich auch Audio-Dateien. Per Mausklick setzen Sie Stellen, an denen Videos geschnitten werden sollen. Die entsprechenden Schaltflächen zeigen sich in der Mitte des Fensters.

Kdenlive verfügt über zwei Monitore – einen für das originale Video und rechts daneben einen für das bearbeitete Video (siehe Abbildung 6.31).

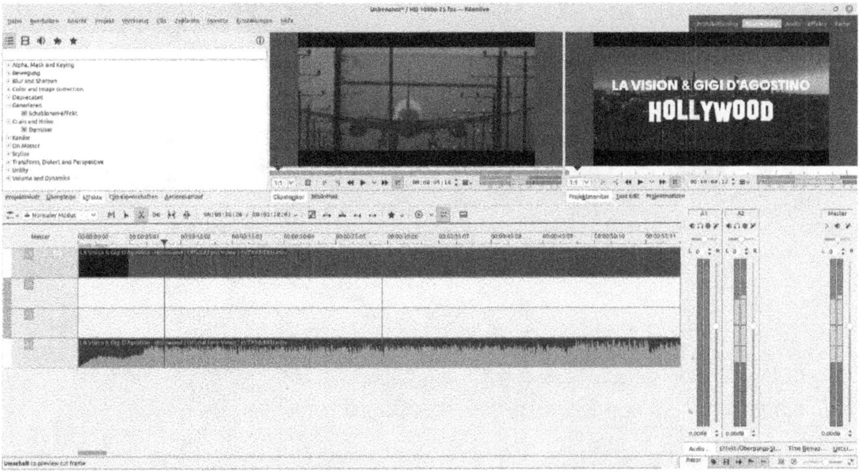

Abb. 6.31: Kdenlive – professionelle Videobearbeitung unter Linux Mint

Unter dem Dateifenster finden Sie zahlreiche weitere Reiter. In diesen finden Sie Video-Effekte, Übergänge und die Funktion, um Aktionen rückgängig zu machen.

Übergänge und Effekte ziehen Sie einfach aus diesem Fenster auf die geschnittenen Stellen in einer der Videospuren. Die Einstellungen dazu zeigen sich anschließend rechts unten im Fenster.

Das Menü Projekt bietet neben vielen weiteren Werkzeugen auch einen Titel-Editor, mit dem Sie Text in das Video schreiben können. Unter den Effekten zeigt sich unter anderem auch die sogenannte *blaue Wand*, mit der Sie etwa eine Person im Vordergrund in ein anderes Video im Hintergrund stellen.

Über das Menü Projekt|Rendern passen Sie schließlich die letzten Einstellungen für das Video an, etwa das Dateiformat und die Auflösung, und starten dann den Vorgang zum Speichern des bearbeiten Videos.

Eine einfacher gehaltene Videobearbeitung wäre etwa PiTiVi – auch diese installieren Sie über die Softwareverwaltung (siehe Abbildung 6.32).

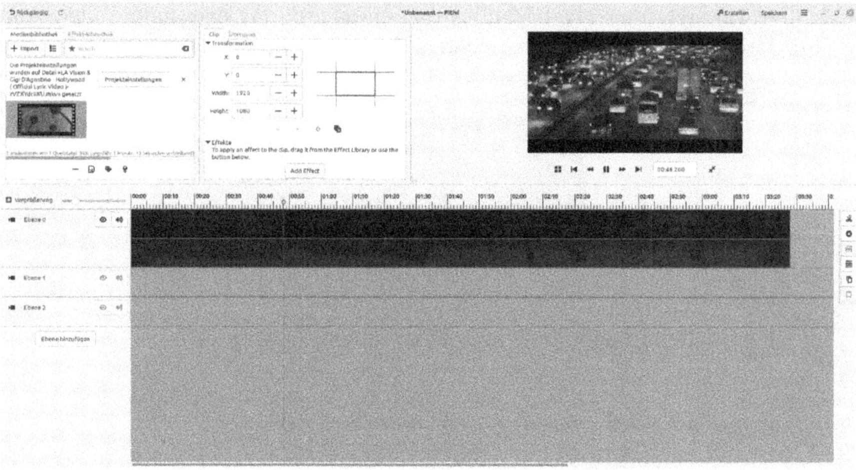

Abb. 6.32: PiTiVi – einfach gehaltene Videobearbeitung unter Linux Mint

6.2.10 Audacity – Alternative zu Adobe Audition (Audiobearbeitung)

Egal ob es darum geht, Rauschen aus kurzen Audio-Clips zu entfernen oder lange Musikstücke zurechtzuschneiden, Audacity kann mit den gestellten Aufgaben umgehen. Sie installieren diese Software über die Softwareverwaltung.

Wenn Sie Audacity gestartet und eine Audio-Datei geöffnet haben, markieren den gewünschten Bereich, wählen anschließend im Menü EFFEKTE die gewünschte Art der Bearbeitung und passen dann die Einstellungen im sich öffnenden Fenster an (siehe Abbildung 6.33).

Um Audio-Dateien in mehrere Teile zu zerlegen, nutzen Sie zu Beginn das Auswahlwerkzeug `F1`. Es befindet sich unter den kleinen Symbolen in der Mitte der Werkzeugleiste und ist standardmäßig aktiv. Klicken Sie erst an die Stelle, an der Sie schneiden möchten, und dann mit der rechten Maustaste auf die gerade erzeugte Linie. Hier wählen Sie im Kontextmenü CLIP TEILEN oder Sie nutzen die Tastenkombination `Strg`+`I`.

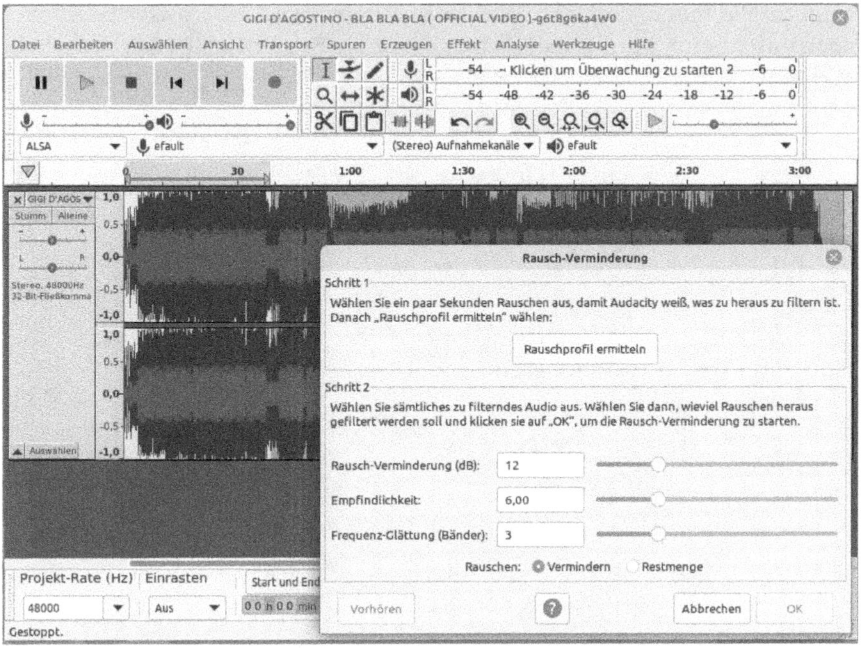

Abb. 6.33: Audacity – professionelle Audiobearbeitung unter Linux Mint

6.2.11 Weitere Software

In den vorangegangenen Abschnitten rund um das Thema Software finden Sie nur eine geringe Auswahl. Linux Mint enthält in seinen Software-Archiven Tausende von freien Anwendungen, und über Snap- und Flatpak-Archive erhalten Sie noch Hunderte weitere Anwendungen, darunter auch viele Spiele.

Wollen Sie das schier unergründliche Software-Archiv von Debian durchsuchen, hilft Ihnen die grafische Software-Verwaltung Synaptic (siehe Abschnitt 5.2.1). Synaptic zeigt alle Programme an, darunter auch professionelle Terminal-Anwendungen. Zu diesen zählen viele wissenschaftliche Programme, etwa Maxima, ein professionelles Algebra-System.

Bevor Sie im Internet nach Software suchen, sollten Sie erst die Software-Archive durchforsten, die Ihnen Linux Mint bietet. Oft hilft es schon, den Namen einer Windows-Anwendung einzugeben, um eine Alternative unter Linux Mint zu finden. Alternativ suchen Sie nach der Dateiendung, mit der eine Software umgehen können soll.

Nahezu alle unter Microsoft Windows verfügbaren Webbrowser lassen sich auch unter Linux Mint installieren und nutzen. Besuchen Sie ganz einfach die Webseiten der jeweiligen Hersteller.

Kapitel 7

Sicherheit unter Linux Mint und Probleme beseitigen

Dieses Kapitel ist vor allem dem Thema Sicherheit gewidmet, und zwar sowohl der Sicherheit Ihrer Daten als auch der des Systems. Linux gilt zwar als sicherer als Windows, doch einige Punkte sollten Sie trotzdem beachten.

Als weiteres Thema lesen Sie, wie Sie bekannte Probleme von Linux Mint lösen.

7.1 Ist Linux Mint sicherer als Windows?

Grundsätzlich gilt bei Computern: Das System ist immer nur so sicher wie die Arbeitsweise des Benutzers. Linux Mint ist grundlegend anders aufgebaut als Windows.

- Unter Linux Mint beziehen Sie Software meist aus speziellen Repositories. Dies bedeutet, die Software wurde vom Distributor geprüft und von zahlreichen Benutzern, die sich um ihre Sicherheit bemühen.
- Updates werden nicht wie unter Windows an einem Patchday im Monat geliefert, sondern sehr zeitnah. Wird heute eine Lücke in einer Software gefunden, lässt sich morgen oft schon ein Update einspielen.
- Schadsoftware für Linux ist nahezu nicht existent. Erstens ist die Verbreitung von Linux zu gering und zweitens ist es schwieriger, darin Schadsoftware zu integrieren, da es zu viele unterschiedliche Distributionen mit unterschiedlichen Techniken, Desktop-Umgebungen und Programmen gibt.
- Es handelt sich bei Anwendungen unter Linux Mint großteils um freie Software, sprich, der Quellcode liegt offen und viele Entwickler haben darauf Zugriff. Es gilt das »Viele Augen sehen mehr«-Prinzip. Mehr Augen finden auch mehr Lücken und Fehler.

Unter Linux Mint ist der Administrator vom normalen Benutzer strikt getrennt. Ohne Eingabe des Administrator-Passworts geht so gut wie überhaupt nichts Administratives.

Es gibt auch Schadsoftware für Linux. Jedes Jahr hört man über neue Arten solcher Software. Doch handelt es sich hierbei meist um experimentelle Schadsoftware. Oft hört man von dieser nach ein paar Wochen kein Wort mehr. Es gibt jedoch auch Schadsoftware, die sich unter Linux hält. Diese zielt aber vor allem auf Server ab, die ständig mit dem Internet verbunden sind. Reine Benutzersysteme, die auf Linux basieren, sind einfach zu irrelevant und Schadsoftware ist zu schwierig und aufwendig zu installieren.

Doch auch wenn Sie ein reines Benutzersystem unter Linux verwenden, sollten Sie sich Gedanken über dessen Sicherheit machen. Zum Glück ist unter Linux Mint bereits viel Software zum Thema Sicherheit vorinstalliert. In diesem Kapitel lernen Sie einige dieser Programme kennen.

7.2 GUFW – die Firewall

Linux Mint hat zwar eine Firewall im Kernel integriert, diese ist jedoch nicht automatisch aktiv, weil Linux Mint in der Grundinstallation keine Server-Dienste nach außen in das Netzwerk anbietet. Einige Anwendungen, die man zusätzlich installiert, stellen auch Server-Dienste in das Netzwerk bereit – und genau solche Dienste sind Einfallstore in das System.

Auch sollten Sie sich nicht auf die Firewall in Ihrem Internet-Router verlassen. Gerade günstigere Geräte bekommen nicht lange oder gar keine Aktualisierungen und weisen viele Sicherheitslücken auf.

GUFW ist eine sehr einfach zu nutzende grafische Firewall. Selbst Einsteiger haben damit keine Probleme. Per Mausklick sichern Sie sich damit über das Netzwerk ab.

GUFW ist unter Linux Mint bereits vorinstalliert. Sie finden diese Software im Anwendungsmenü unter der Kategorie »System«.

Sie starten die Software aus dem Anwendungsmenü heraus. Nach Angabe des Administrator-Passworts landen Sie in der grafischen Oberfläche (Abbildung 7.1).

Ihr erster Schritt: Aktivieren Sie die Firewall per Klick auf den Schalter STATUS. Schon ist die Firewall aktiv (der Schalter ist farblich rot unterlegt).

Abb. 7.1: GUFW – grafische Oberfläche für die Firewall unter Linux Mint

Mit den Grundeinstellungen gelangen Sie so in das Netzwerk und das Internet, umgekehrt kommt niemand von außen in das System. Dies zeigt sich an den Einstellungen:

- **Eingehend** – Verweigern, keine Verbindung von außerhalb gelangt in das System.
- **Ausgehend** – Erlauben, Sie kommen unter anderem mit dem Webbrowser in das Internet.

Über den Schalter PROFILE können Sie für unterschiedliche Standorte unterschiedliche Einstellungen vornehmen. So können Sie etwa im Büro andere Einstellungen nutzen als zu Hause – etwa eine Datenbank in der Firma anbieten und in einem öffentlichen Netzwerk darauf verzichten.

In der Mitte des Fensters finden Sie vier Reiter – der zweite namens REGELN zählt zu den wichtigsten. Hier passen Sie Ausnahmen an. Zu solchen Ausnahmen könnten etwa Spiele zählen, die einen Server anbieten, um im Netzwerk mit mehreren Rechnern zusammen spielen zu können, aber auch WLAN-Verbindungen zur Kommunikation mit dem Smartphone und Ähnliches.

Um eigene Regeln zu erstellen, klicken Sie auf den Schalter mit dem Plus. Hier haben Sie nun mehrere Möglichkeiten zur Verfügung (Abbildung 7.2).

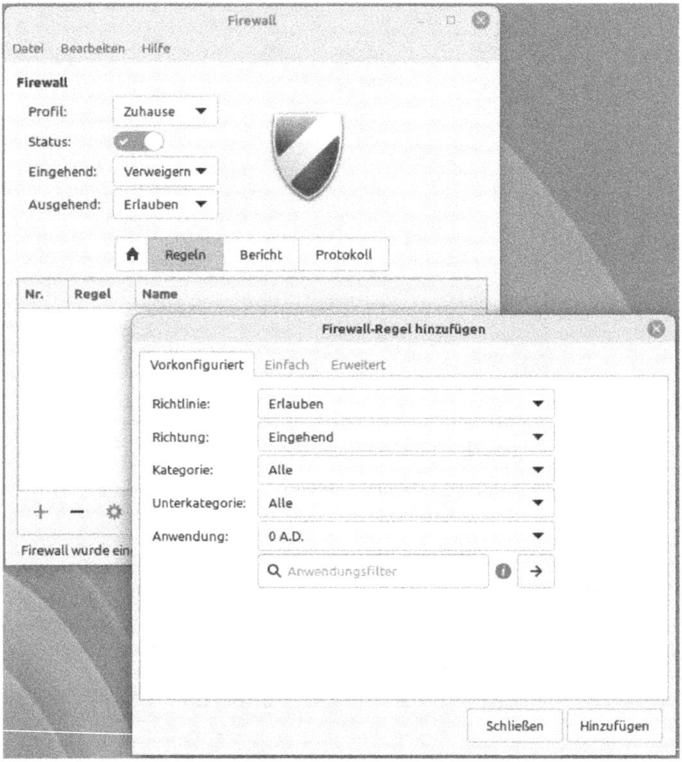

Abb. 7.2: Firewall-Regeln in GUFW erstellen

Am einfachsten suchen Sie zu Beginn auf dem Reiter VORKONFIGURIERT nach den Einstellungen für die gewünschte Anwendung. Geben Sie den Namen der Anwendung im untersten Feld ANWENDUNGSFILTER ein. Wird diese Anwendung anschließend angezeigt, klicken Sie auf den Schalter HINZUFÜGEN und die Regel wird angezeigt und ist aktiv.

Über die beiden Reiter EINFACH und ERWEITERT nehmen Sie die Konfiguration der Firewall manuell vor, Sie geben also Ports, IP-Adressen und weitere Details von Hand ein.

Eine Hilfe zu Ports und Protokollen finden Sie in der Systemdatei `/etc/services`. Diese Datei öffnen Sie einfach per Doppelklick. Sie enthält zu Anwendungen passende Einstellungen.

7.3 ClamTK – Virenscanner

Ein Virenscanner ist aus meiner Sicht unnötig, wenn Sie ausschließlich Linux Mint nutzen. Zu wenig Schadsoftware für Linux ist im Umlauf – die Chance, auf solche zu treffen, ist wirklich sehr gering.

Interessant wird ein Virenscanner jedoch dann, wenn Sie neben Linux Mint auch Windows betreiben und Dateien zwischen beiden Systemen teilen. So könnten Sie mit Windows-Schadsoftware verseuchte Dateien unter Linux Mint herunterladen, diese dann auf Windows verschieben und Windows damit gefährden.

ClamTK ist ein einfach zu nutzender Virenscanner für Linux Mint. Sie installieren diesen über die Softwareverwaltung durch das Paket »clamtk-gnome«.

Sie finden diese Software nach der Installation im Anwendungsmenü unter dem Eintrag CLAMTK. Die grafische Oberfläche ist sehr einfach gehalten (siehe Abbildung 7.3).

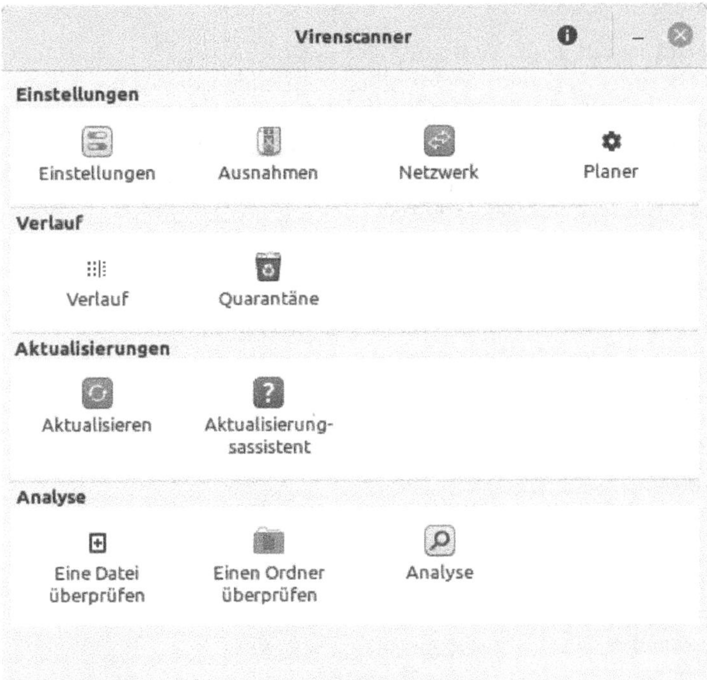

Abb. 7.3: ClamTK – Virenscanner unter Linux Mint

Es ist unnötig, das komplette System nach Schadsoftware zu scannen, denn ClamTK sucht zum größten Teil nach Schadsoftware für Windows. ClamTK aktualisiert die Datenbank für Schadsoftware automatisch – Sie brauchen nur noch die Schalter unter »Analyse« zu nutzen. Hier lassen sich mit EINE DATEI ÜBERPRÜFEN und EINEN ORDNER ÜBERPRÜFEN kleinere Prüfungen vornehmen oder auch das komplette System sowie Ihr Home-Verzeichnis durchsuchen. Mittels ANALYSE lassen Sie einzelne Dateien genauer untersuchen. Dies kann etwa dazu dienen, eine von ClamTK als Schadsoftware klassifizierte Datei zu überwachen (was könnte diese anstellen wollen?).

7.4 Datensicherungen – Backups

So sicher und stabil Linux Mint auch ist, nichts passiert schneller, als eine wichtige Datei unabsichtlich zu löschen und den Papierkorb zu leeren. Auch sind Festplatten und SSDs nicht ausfallsicher. Gerade SSDs gehen von einer Minute auf die andere kaputt, Datenrettung ist von solcher Hardware ohne hohe Kosten nicht möglich.

Unter Linux Mint ist zur Datensicherung das eigens für die Distribution erstellte Datensicherungswerkzeug vorinstalliert. Sie finden dieses im Anwendungsmenü unter dem Eintrag »Datensicherungswerkzeug«. Die Software bietet zwei unterschiedliche Arten von Sicherungen an (siehe Abbildung 7.4).

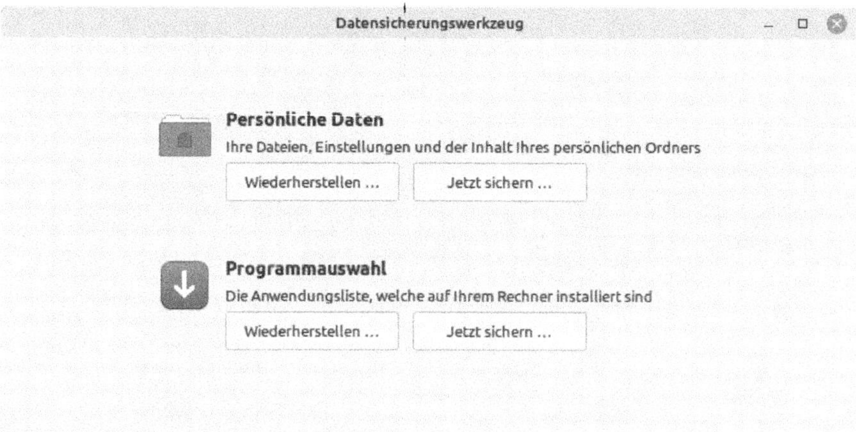

Abb. 7.4: Backups mit dem Datensicherungswerkzeug

Sie können damit erstens Ihr Home-Verzeichnis sichern – also Ihre persönlichen Dateien und die Einstellungen Ihrer genutzten Software.

Als zweite Möglichkeit sichern Sie die installierte Software. Hiermit wird eine Liste von der über die Software-Verwaltung installierten Anwendungen erstellt. Mit dieser Liste lassen sich dann genau diese Anwendungen mit einem Mausklick auf einem neu installiertem Linux Mint wiederherstellen.

In beiden Fällen nutzen Sie zum Erstellen einer Sicherung / eines Backups den Schalter JETZT SICHERN ... und zum Wiederherstellen den Schalter WIEDERHERSTELLEN .... Die Sicherungen sollten Sie im besten Fall auf einem externen Datenträger ablegen.

7.5 Timeshift – Systemwiederherstellung

Timeshift erstellt keine Backups von Ihrem Home-Verzeichnis oder einzelnen ausgewählten Ordnern – die Anwendung sichert Ihr komplettes System. Sie können sich dieses Programm in etwa so vorstellen wie die Systemwiederherstellung unter Windows. Es erstellt automatisch in Intervallen Sicherungen von Ihrem Linux-Mint-System; alternativ erledigen Sie dies manuell. Wurden Daten gelöscht oder funktioniert Linux Mint nicht mehr, starten Sie Timeshift und stellen Sie die Daten oder das System von einem Sicherungspunkt wieder her.

Timeshift ist unter Linux Mint automatisch installiert – Sie brauchen nur noch die Einstellungen vorzunehmen.

Timeshift ohne funktionierendes Linux Mint nutzen

Funktioniert Linux Mint aufgrund einer Fehlkonfiguration oder eines schwerwiegenden Fehlers nicht mehr, nutzen Sie ein Linux Mint-Live-System, also Linux Mint auf einem Startmedium, wie Sie es zur Installation von Linux Mint genutzt haben. Sie können im laufenden Live-System Timeshift installieren und die Anwendung starten, dann zeigen Sie der Software den Ordner mit den Sicherungen und wählen den wiederherzustellenden Sicherungspunkt – den Rest übernimmt Timeshift.

Zum Start der Software sind administrative Rechte nötig – Sie müssen also das Administrator-Passwort angeben (im Live-System ist dies nicht notwendig). Bei der erstmaligen Nutzung ist die Einrichtung der Software nötig. Sie geben zu Beginn die Art der Sicherung an:

- **rsync** – Standard. Diese Art der Sicherung ist immer möglich, benötigt jedoch so viel Platz, wie die zu sichernden Daten auf der Festplatte benötigen.

Belegen die zu sichernden Daten auf der Festplatte 20 GB, belegt auch die Sicherung 20 GB. Der Vorteil: Haben Sie eine solche Sicherung auf einem externen Medium, ist es auch möglich, Linux Mint neu zu installieren und dieses System auf den Stand der Sicherung zurückzuversetzen.

- **btrfs** – nur nutzbar, wenn Sie bei der Installation manuell statt ext4 btrfs als Dateisystem gewählt haben. Der Vorteil: Diese Art der Sicherung benötigt sehr wenig Platz. Der Nachteil: Sicherungen lassen sich nicht auf externen Datenträgern erstellen. Sicherungen landen auf demselben Datenträger, auf dem Linux Mint installiert ist. Geht dieser Datenträger kaputt, ist auch die Sicherung weg.

Nachdem Sie die Art der Sicherung ausgewählt haben, geben Sie den Datenträger an, auf dem die Sicherungen landen sollen, also etwa auf dem installierten Linux-Mint-System oder einer externen Festplatte. Anschließend folgt eine der wichtigsten Einstellungen: Wie viele Sicherungspunkte soll Timeshift behalten (Abbildung 7.5)?

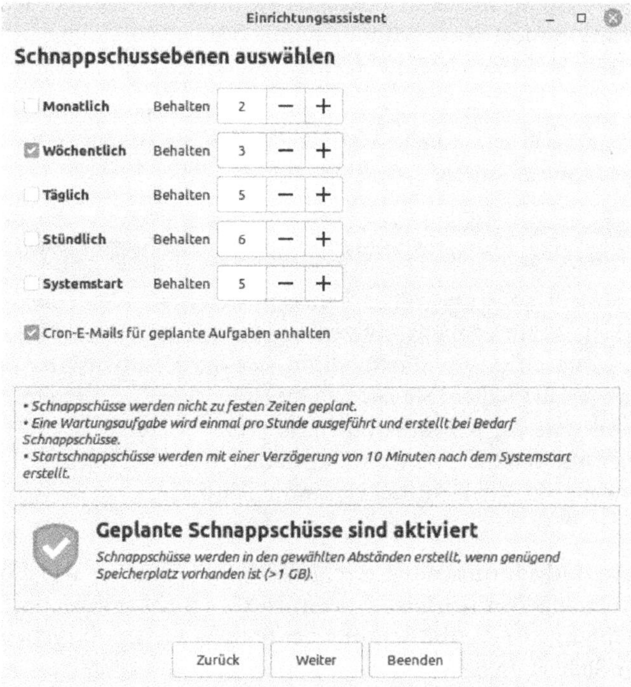

Abb. 7.5: In welchem Intervall soll Timeshift Sicherungen anlegen und wie viele soll es behalten?

Sie legen fest, in welchem Intervall Timeshift Sicherungen anlegen soll und wie viele davon gespeichert werden sollen. Natürlich können Sie täglich Sicherungen erstellen, doch tägliche Sicherungen über Wochen oder Monate zu behalten, ist reine Platzverschwendung und die Festplatte wird schnell volllaufen. Sie geben also links per Checkbox an, in welchem Intervall die Sicherungen angelegt werden sollen, und rechts legen Sie fest, wie viele Sicherungen dieser Art behalten werden müssen. Wird diese Anzahl überschritten, werden ältere Sicherungen automatisch gelöscht.

Deaktivieren Sie alle Möglichkeiten, können Sie im Hauptfenster (Abbildung 7.6) nur manuell Sicherungen erstellen – ich würde solche etwa vor Aktualisierungen des Systems erstellen.

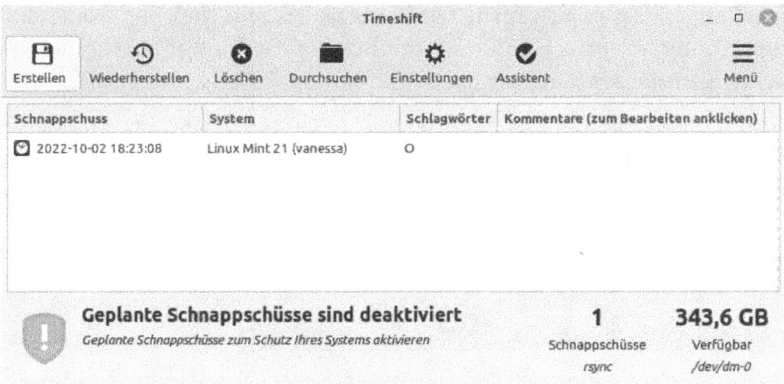

Abb. 7.6: Manuelle Sicherungen mit Timeshift erstellen und Sicherungen zurückspielen

Weiter geht es anschließend mit der Sicherung des Systemverzeichnisses `/home` – hier liegen die persönlichen Daten der Benutzer. Timeshift ist dazu gedacht, Linux Mint zu einem früheren Zeitpunkt wiederherzustellen, also das System in einen funktionierenden Zustand zurückzuversetzen, daher sichert es persönliche Daten der Benutzer nicht automatisch (siehe Abbildung 7.7).

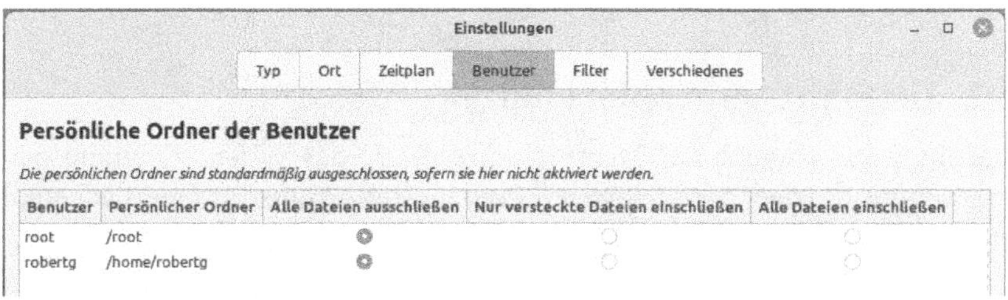

Abb. 7.7: Persönliche Daten der Benutzer sichern

Hier zeigen sich alle Home-Verzeichnisse der Benutzer – pro Zeile ein Verzeichnis. Sie haben folgende Möglichkeiten:

- **Alle Dateien ausschließen** – Keine persönlichen Daten werden gesichert, nur das System wird in die Sicherung eingeschlossen.
- **Nur versteckte Einträge einschließen** – nur versteckte Dateien und Ordner werden in die Sicherung einbezogen, also die Einstellungen der Anwendungen des Benutzers, aber nicht die Dokumente, Videos oder Musik-Dateien.
- **Alle Dateien einschließen** – nur über diese Option wird wirklich das komplette Home-Verzeichnis des Benutzers gesichert, also persönliche Dateien und die Einstellungen.

Die Einstellungen lassen sich für jeden Benutzer einzeln festlegen. Nach dieser letzten Konfiguration schließen Sie mit BEENDEN das Fenster und landen im eigentlichen Fenster der Software (siehe Abbildung 7.6).

In Timeshift sehen Sie die erstellten Sicherungen aufgelistet. Sie markieren eine solche und klicken auf den Schalter WIEDERHERSTELLEN, um die Sicherung zurückzuspielen. Hier lassen sich auch Sicherungen – sogenannte *Schnappschüsse* – manuell erstellen, indem Sie den Schalter ERSTELLEN nutzen. Auch lassen sich ältere Sicherungen löschen.

Vorsicht mit Timeshift

Ist Timeshift richtig eingestellt, kann es ein Segen sein, wenn Sie Linux Mint falsch konfiguriert haben – ein paar Mausklicks und Timeshift versetzt Ihr System in einen früheren Zustand zurück. Zu viele gespeicherte Sicherungen füllen die Festplatte jedoch innerhalb von wenigen Wochen. Liegen die Sicherungen dann noch im Wurzelverzeichnis (siehe Abschnitt 4.1), wird die grafische Oberfläche von Linux Mint nicht mehr starten. Dann bleibt Ihnen nur noch, auf das Terminal zuzugreifen, um ältere Sicherungen zu löschen.

7.5.1 Timeshift am Terminal nutzen

Timeshift lässt sich auch am Terminal nutzen, um das System zu einem früheren Zeitpunkt wiederherzustellen – etwa weil die grafische Oberfläche aus keinem erkennbaren Grund nicht startet.

Manche Benutzer übertreiben es mit der Anzahl von Sicherungspunkten mit Timeshift. Liegen die Sicherungen auf einem externen Speichermedium, gibt es keine Schwierigkeiten, liegen sie jedoch im Wurzelverzeichnis, in dem auch das System Linux Mint liegt, wird die Festplatte irgendwann voll – die grafische Oberfläche startet dann nicht mehr. Mehr als fünf Sicherungen einer Art der Sicherung sind nicht nötig – mehr ist Platzverschwendung.

Haben Sie es doch geschafft, das System mit Sicherungen vollzumüllen und Sie können sich nicht mehr auf der grafischen Oberfläche anmelden, landen Sie immer wieder am Anmelde-Bildschirm. Sie können sich jedoch noch immer am Terminal (siehe Abschnitt 4.3) anmelden – hierzu nutzen Sie die Tastenkombination `Strg`+`Alt`+`F3` und finden sich vor der Anmeldung wieder:

```
rechnername login:
```

Geben Sie Ihren Benutzernamen an und bestätigen Sie mit ↵. Als Nächstes geben Sie Ihr Passwort ein und bestätigen nochmals mit ↵. Anschließend sind Sie am Terminal im Vollbild angemeldet.

Als Erstes lassen Sie sich die erstellten Sicherungen anzeigen – hierzu dient der Befehl:

```
sudo timeshift --list-snapshots
```

Die Software zeigt nun Informationen zum Laufwerk, freien Speicher und einige weitere Informationen. Zuletzt sehen Sie die einzelnen Sicherungen. Jede Sicherung ist mit dem Datum der Erstellung versehen und vor jeder Sicherung sehen Sie eine Nummer (siehe Abbildung 7.8).

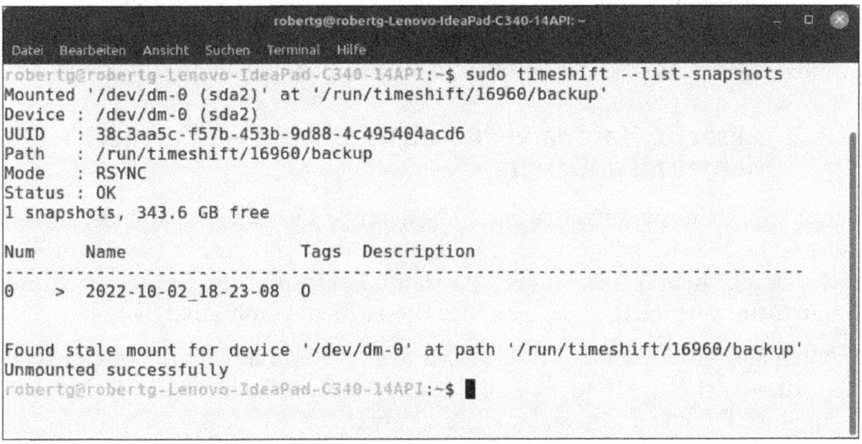

Abb. 7.8: Timeshift am Terminal nutzen – Sicherungen anzeigen

Um eine Sicherung wiederherzustellen, merken Sie sich die Nummer vor der wiederherzustellenden Sicherung – im Beispiel soll die Sicherung mit der Nummer »0« genutzt werden. Verwenden Sie folgenden Befehl:

```
sudo timeshift --restore 0
```

Das System wird einige Fragen an Sie haben. In der Regel beantworten Sie diese mit [↵]. Nach der Wiederherstellung startet Linux Mint neu.

Um am Terminal alte und unnötige Sicherungen zu löschen, lassen Sie sich zuerst die vorhandenen anzeigen und merken Sie sich deren Nummern. Anschließend löschen Sie die gewünschten Sicherungen wie folgt – eine Sicherung pro Befehl:

```
sudo timeshift --delete 0
sudo timeshift --delete 1
sudo timeshift --delete 2
sudo timeshift --delete 3
...
```

Mittels Tastenkombination [Strg]+[Alt]+[F2] gelangen Sie wieder in die grafische Oberfläche zurück und können sich anmelden.

7.6 Bekannte Probleme unter Linux Mint lösen

So einfach Linux Mint zu installieren und zu nutzen ist – es gibt natürlich auch einige bekannte Probleme. Diese lassen sich jedoch meist schnell und ohne größeren Aufwand lösen.

7.6.1 Aktuelle Hardware wird nicht erkannt – aktuelleren Kernel installieren

Ubuntu, und somit auch das darauf basierende Linux Mint, ist recht aktuell. Alle sechs Monate gibt es eine neue Version von Ubuntu mit aktuellem Kernel, der auch neue Treiber mitbringt. Damit ist ein aktueller Kernel auch unter Linux Mint verfügbar, allerdings wird dieser nicht automatisch genutzt.

Kaufen Sie aktuellere Hardware, etwa einen Drucker, besteht die Möglichkeit, dass diese nicht funktioniert, weil sie einen neueren Treiber benötigt. Die Lösung: installieren Sie einen aktuelleren Kernel.

Beginnen Sie damit, die Version des genutzten Kernels zu ermitteln. Dies gelingt grafisch über den Eintrag »Systeminformationen« im Anwendungsmenü (siehe Abbildung 7.9).

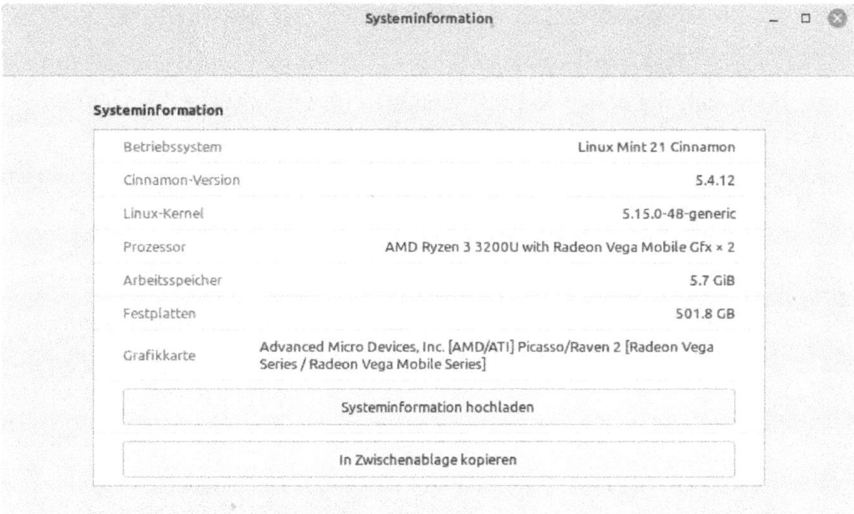

Abb. 7.9: Aktuelle Kernel-Version grafisch anzeigen

In der Zeile »Linux-Kernel« finden Sie die Version des genutzten Kernels.

Die zweite Möglichkeit funktioniert über das Terminal (siehe Abschnitt 4.3) mit dem Befehl:

```
uname -a
```

Nach dem Rechnernamen finden Sie die Version des Kernels (siehe Abbildung 7.10).

Abb. 7.10: Aktuelle Kernel-Version am Terminal anzeigen

Um einen aktuelleren Kernel zu installieren, fügen Sie das Ubuntu-Kernel-PPA (siehe Abschnitt 5.2.4) in das System ein. Hierzu geben Sie am Terminal folgende Befehle ein:

```
sudo add-apt-repository ppa:canonical-kernel-team/ppa
sudo apt-get update
```

Jetzt lassen sich die neuen Kernel-Versionen in der Software-Verwaltung anzeigen und installieren (siehe Abbildung 7.11).

S	Paket	Installierte Version	Neueste Version	Beschreibung
	linux-image-5.15.0-46-generic	5.15.0-46.49	5.15.0-46.49	Signed kernel image generic
	linux-image-5.15.0-46-lowlatency		5.15.0-46.49	Signed kernel image lowlatency
	linux-image-5.15.0-47-generic		5.15.0-47.51	Signed kernel image generic
	linux-image-5.15.0-47-lowlatency		5.15.0-47.53	Signed kernel image lowlatency
	linux-image-5.15.0-48-generic	5.15.0-48.54	5.15.0-48.54	Signed kernel image generic
	linux-image-5.15.0-48-lowlatency		5.15.0-48.54	Signed kernel image lowlatency
	linux-image-5.17.0-1003-oem		5.17.0-1003.3	Signed kernel image OEM
	linux-image-5.17.0-1004-oem		5.17.0-1004.4	Signed kernel image OEM
	linux-image-5.17.0-1006-oem		5.17.0-1006.6	Signed kernel image OEM
	linux-image-5.17.0-1011-oem		5.17.0-1011.12	Signed kernel image OEM
	linux-image-5.17.0-1012-oem		5.17.0-1012.13	Signed kernel image OEM
	linux-image-5.17.0-1013-oem		5.17.0-1013.14	Signed kernel image OEM
	linux-image-5.17.0-1014-oem		5.17.0-1014.15	Signed kernel image OEM
	linux-image-5.17.0-1015-oem		5.17.0-1015.16	Signed kernel image OEM
	linux-image-5.17.0-1016-oem		5.17.0-1016.17	Signed kernel image OEM
	linux-image-5.17.0-1017-oem		5.17.0-1017.18	Signed kernel image OEM

Abb. 7.11: Aktuelleren Kernel unter Linux Mint installieren

Den neuen Kernel wählen Sie im Bootmenü beim Start des Rechners mit den Pfeiltasten aus und bestätigen mit [↵].

Läuft das System ohne Probleme, löschen Sie anschließend den älteren Kernel über die Softwareverwaltung.

7.6.2 Linux Mint ist nicht vollständig auf Deutsch

Unter Linux Mint werden nicht automatisch alle Anwendungen auch in der gewünschten Sprache installiert.

In den meisten Fällen wird Linux Mint von sich aus darauf aufmerksam machen und ein weiteres Symbol mit der Bezeichnung »Systemberichte« in der Leiste rechts zeigen – hin und wieder dauert dies jedoch auch einige Zeit. Sie können diese Anwendung auch selbst aus dem Anwendungsmenü heraus öffnen (siehe Abbildung 7.12).

Sie brauchen nur auf den Schalter DIE SPRACHPAKETE INSTALLIEREN klicken, den Rest übernimmt die Software-Verwaltung.

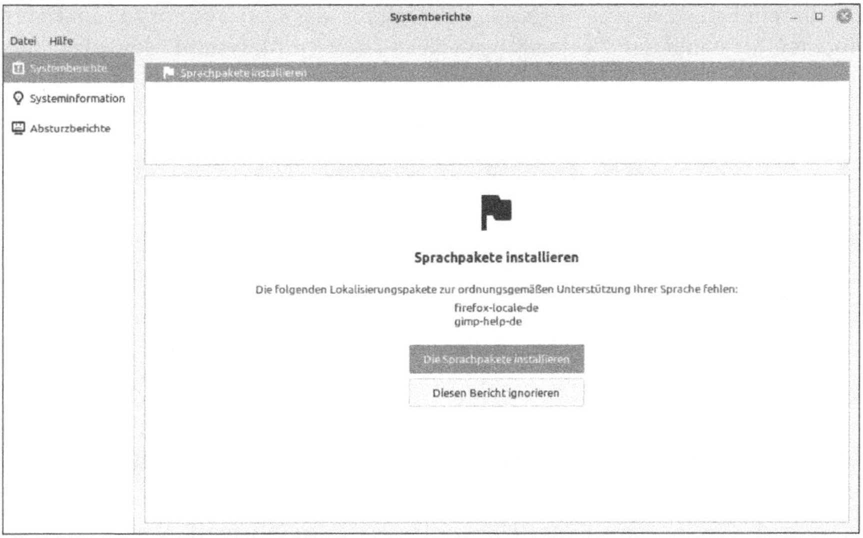

Abb. 7.12: Linux Mint vollständig in Deutsch übersetzen

7.6.3 Linux Mint startet nicht aus dem Bootmenü heraus

Es kann vorkommen, dass Linux Mint zwar beim Start des Rechners das Bootmenü anzeigt, das System aber nicht hochfährt. In diesem Fall wird direkt in das Terminal gestartet. In solchen Fällen ist das Dateisystem beschädigt. Dies kann nach einem Stromausfall vorkommen, aber auch, wenn man die Softwareverwaltung schließt, ohne dass diese ihre Arbeit abgeschlossen hat. In einem solchen Fall bekommt man am Terminal meist eine ähnliche Meldung wie die folgende angezeigt:

```
/dev/sda1: UNEXPECTED INCONSISTENCY; RUN fsck MANUALLY.
        (i.e., without -a or -p options)
fsck exited with status code 4.
The root filesystem on /dev/sda1 requires a manual fsck.

BusyBox v1.30.1 (Ubuntu 1:1.30.1-4ubuntu6.1) built-in shell
(ash)
Enter ,help' for a list of built-in commands.

(initramfs)
```

In diesem Fall starten Sie folgenden Befehl, um das Dateisystem zu reparieren (achten Sie dabei auf die Ausgabe – hier »The root filesystem /dev/sda1 ...« – und passen Sie den Befehl manuell an):

```
fsck /dev/sda1 -y
```

Bestätigen Sie mit [↵] und starten Sie den Rechner anschließend mit folgendem Befehl neu:

```
reboot
```

7.6.4 Linux Mint startet nicht in die grafische Oberfläche

Startet Linux Mint bis in den Anmelde-Bildschirm, wo Sie Ihren Nutzernamen und Ihr Passwort eingeben, der grafische Desktop wird aber nicht gestartet, sondern Sie landen wieder am Anmelde-Bildschirm, so ist die System-Partition voll.

Es gilt also, erst unnötige Dateien zu löschen, anschließend startet auch der grafische Desktop wieder.

Als Erstes melden Sie sich am Terminal an (siehe Abschnitt 4.3). Dies gelingt vom Anmelde-Bildschirm aus mit der Tastenkombination [Strg]+[Alt]+[F2]. Anschließend geben Sie Ihren Nutzernamen ein, bestätigen mit [↵], geben Ihr Passwort ein und bestätigen wieder mit [↵]. Jetzt können Sie am Terminal arbeiten.

Als Erstes sollten Sie den Paket-Cache leeren. (installieren Sie über die Softwareverwaltung weitere Software oder aktualisieren solche, werden die Installationsdateien unter `varcache/apt/archives/` gespeichert und nicht automatisch gelöscht) Dies gelingt mit folgendem Befehl:

```
sudo apt-get clean
```

Anschließend sollten Sie nicht mehr benötigte Abhängigkeiten und möglicherweise nicht mehr genutzte Kernel deinstallieren:

```
sudo apt-get autoremove
```

Ein Problem, das gerne durch falsche Konfiguration von Timeshift (siehe Abschnitt 7.5) entsteht: Zu viele Sicherungen lassen das System volllaufen. Lassen Sie sich erst einmal die Sicherungen anzeigen:

```
sudo timeshift -list-snapshots
```

Anschließend löschen Sie die ältesten Sicherungen. Jede Sicherung hat eine Zahl vor sich stehen. Diese Zahl setzen Sie in den Befehl ein. Ältere Sicherungen haben kleinere Zahlen – »0« wäre also die älteste Sicherung.

```
sudo timeshift --delete 0
```

Anschließend kehren Sie mit [Strg]+[Alt]+[F1] oder [F7] wieder in die grafische Oberfläche zurück und melden sich am Desktop an.

7.6.5 Die grafische Oberfläche startet nach der Installation eines Grafikkartentreibers nicht

Haben Sie eine NVIDIA-Karte eingebaut und den falschen Treiber installiert, was etwa über die manuelle Installation über die Softwareverwaltung passieren kann, startet die grafische Oberfläche nicht. In solchen Fällen deinstallieren Sie den falschen Treiber. Dies gelingt, indem Sie sich am Anmelde-Bildschirm am Terminal anmelden (siehe Abschnitt 7.6.4) und folgenden Befehl ausführen:

```
sudo apt-get purge nvidia*
```

Anschließend installieren Sie den passenden Treiber gleich am Terminal mit folgendem Befehl:

```
sudo ubuntu-drivers autoinstall
```

Danach starten Sie den Rechner mittels

```
reboot
```

neu.

7.6.6 Keine Rechte im eigenen Home-Verzeichnis

Hin und wieder verbiegen sich Linux-Mint-Benutzer gerne die Rechte im eigenen Home-Verzeichnis. So lassen sich anschließend keine neuen Verzeichnisse oder Dateien anlegen und keine Einstellungen mehr vornehmen.

Dies kommt vom falschen Einsatz des `sudo`-Befehls am Terminal. Starten Sie administrative Befehle nur dann, wenn dies absolut nötig ist. Im eigenen Home-Verzeichnis muss man keine Dateien mit administrativen Rechten bearbeiten.

Stehen Sie vor dem Problem, keine Änderungen mehr in Ihrem Home-Verzeichnis vornehmen zu können, starten Sie folgende Befehle am Terminal:

```
sudo chown -R nutzername /home/nutzername/
find . -type f -exec chmod 664 {} \;
find . -type d -exec chmod 775 {} \;
```

`nutzername` ersetzen Sie dabei natürlich durch Ihren Nutzernamen. Anschließend melden Sie sich vom grafischen Desktop ab und wieder an.

7.6.7 Woran liegt es, dass Linux Mint so langsam startet?

Man installiert sich Software und freut sich, dass diese ohne weitere Konfiguration funktioniert. Manche Anwendungen brauchen jedoch unter anderem auch eine Datenbank oder weitere Systemdienste. Schaut man bei der Installation nicht, was alles zusätzlich installiert wird, kann es vorkommen, dass ein Dienst installiert wird, der das System langsamer starten lässt.

In solchen Fällen lassen Sie sich anzeigen, woran dies liegen kann. Beginnen Sie damit, indem Sie herausfinden, wie lange das System tatsächlich zum Start benötigt – am Terminal (siehe Abbildung 7.13):

```
systemd-analyze
```

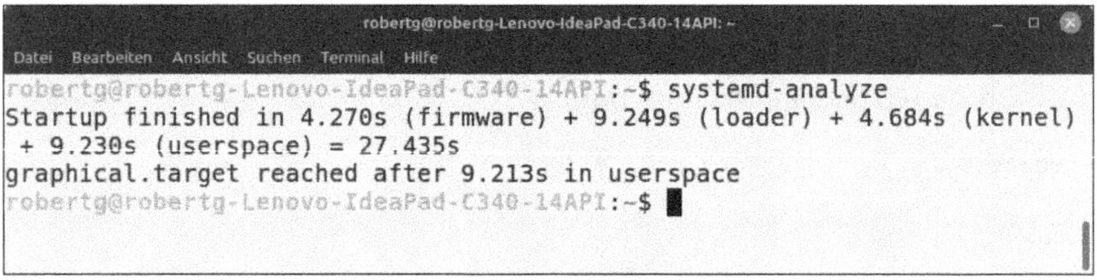

Abb. 7.13: Startzeit von Linux Mint auf dem Terminal anzeigen

Sie finden in der Ausgabe unterschiedliche Startzeiten:

- **firmware** – Diese Zeit brauchte das BIOS/UEFI zum Start
- **loader** – So lange hat der Bootloader (GRUB – Linux) zum Start benötigt
- **kernel** – In dieser Zeit wurde der Kernel geladen
- **userspace** – Der komplette Systemstart

Etwas mehr Auskunft gibt der folgende Befehl (siehe Abbildung 7.14):

```
systemd-analyze blame
```

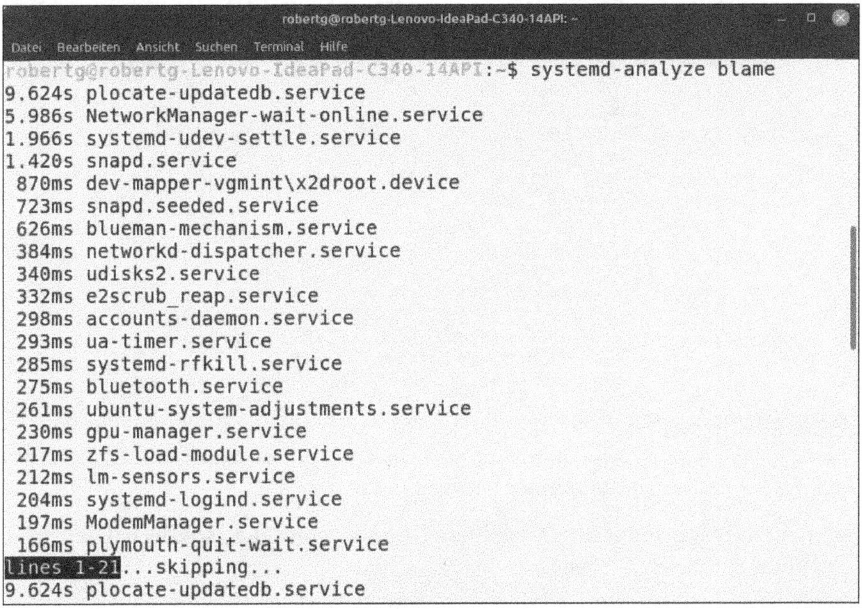

Abb. 7.14: Warum braucht Linux Mint so lange zum Starten?

Hier werden einzelne Aufgaben angezeigt und die jeweilige Zeit, die der Dienst zum Starten benötigt hat. Dies sind auch unter einem aktuellen Linux-System wie Linux Mint recht viele. Die meisten der startenden Dienste haben jedoch eine sehr aussagekräftige Bezeichnung, nach der Sie etwa im Internet suchen können. Haben Sie den dazu passenden Dienst identifiziert, lassen sich die unnötigen Dienste über die Softwareverwaltung deinstallieren.

Etwas übersichtlicher zeigt sich der Startvorgang durch folgenden Befehl (siehe Abbildung 7.15):

```
systemd-analyze critical-chain
```

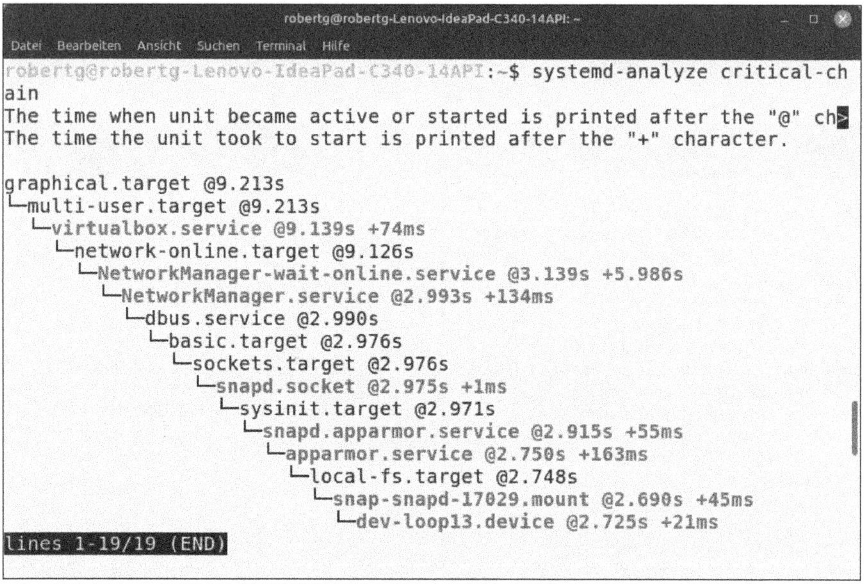

Abb. 7.15: Gruppenstart von Diensten unter Linux Mint

Hiermit werden nicht alle einzelnen Dienste angezeigt, sondern Dienste in Gruppen zusammengefasst.

Haben Sie es lieber grafisch, starten Sie folgenden Befehl:

```
systemd-analyze plot > bootchart.svg
```

Der Befehl erzeugt keine Ausgabe am Terminal, sondern er erstellt eine grafische SVG-Datei in Ihrem Home-Verzeichnis. Diese lässt sich mit dem vorinstallierten Bildbetrachter oder im Webbrowser öffnen (siehe Abbildung 7.16).

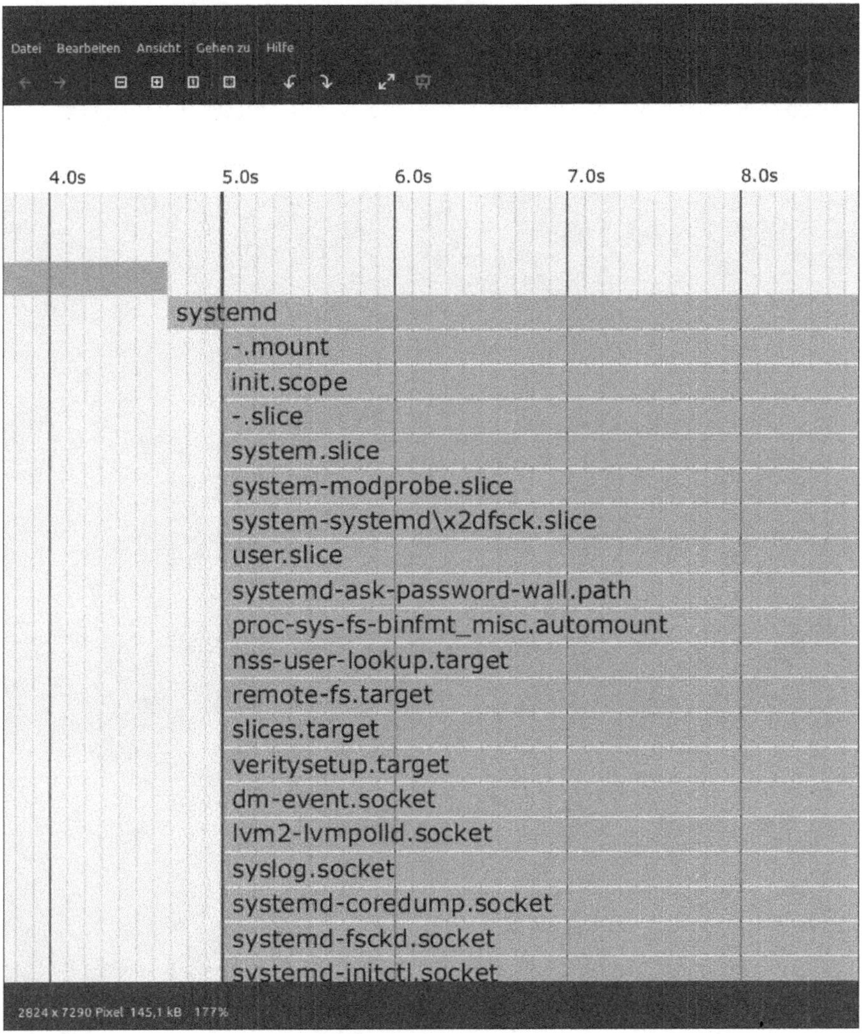

Abb. 7.16: Grafische Analyse des Systemstarts unter Linux Mint

Kapitel 8

Noch mehr über Linux Mint

Dieses Buch bietet Ihnen nur einen Einstieg in das Betriebssystem Linux Mint. Natürlich können Sie Linux Mint auch für viel mehr einsetzen als nur als reines Desktop-Betriebssystem. Sie können Datenbanken zum Sammeln von Daten installieren, Ihren Webauftritt mit einem lokal installierten Webserver testen und vieles mehr. Zum Abschluss finden Sie hier noch einige Anlaufstellen, um mögliche Probleme zu lösen und um auf weitere Ideen zu kommen, was Sie mit Linux Mint noch alles machen können.

8.1 Probleme lösen und noch mehr aus Linux Mint herausholen

- **Das Deutsche Linux-Mint-Forum** – hier treffen Sie auf viele weitere Linux-Mint-Benutzer, die Ihnen bei der Lösung Ihrer Hardware- oder Softwareprobleme behilflich sein können:

  https://www.linuxmintusers.de/

- **Das Deutsche Ubuntu-Wiki** – es gibt leider kein deutsches Wiki für Linux Mint, dafür aber ein umso umfangreicheres für Ubuntu. Da Linux Mint auf Ubuntu basiert, können Sie sich von dort Ideen für das weitere Arbeiten mit Linux Mint holen:

  https://wiki.ubuntuusers.de/Startseite/

- **Alternativen zu Windows-Software unter Linux Mint** – Alternativeto bietet eine sehr große Sammlung an Alternativen zu Windows-Software unter Linux, also auch unter Linux Mint:

  https://alternativeto.net/

- **Die Linux Bibel Österreich** – diese Webseite betreibe ich selbst. Ich versuche zu zeigen, wie einfach Linux zu installieren und zu nutzen ist. Dazu gibt es zahlreiche Anleitungen zu weiterer Anwendersoftware und viele weitere nützliche Tipps rund um Linux:
  https://www.linux-bibel.at/

Linux Mint bietet Ihnen nicht nur einen einfachen Einstieg in die Linux-Welt, es macht auch Spaß zu sehen, wie schnell ein modernes Betriebssystem auf älteren Rechnern sein kann.

Ganz zum Schluss noch ein kleiner Tipp von mir: Haben Sie keine Angst vor dem Terminal, sondern versuchen Sie, sich damit zu beschäftigen. Es bringt viele Vorteile und etliche Dinge lassen sich damit schneller erledigen als unter der grafischen Oberfläche.

Stichwortverzeichnis

Symbole

A

B

C

D

X

Z